顾　　问／胡祥甫　王全明　崔海燕

主　　编／史　源

副 主 编／卢　璐　金琪琪

编辑人员／应　盼　高映南　胡　微　冯媛园　王　斯
　　　　　王耀军　金　龙　谢　冰　沈汶波

金道律师事务所
BRIGHTEOUS LAW FIRM

法律链金术
——区块链法律实践剖析

浙江金道律师事务所 / 编著

CHAIN OF LAW
AN ANALYSIS OF THE LEGAL
PRACTICE OF BLOCKCHAIN

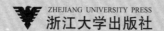
ZHEJIANG UNIVERSITY PRESS
浙江大学出版社

图书在版编目（CIP）数据

法律链金术：区块链法律实践剖析 / 浙江金道律师
事务所编著. —杭州：浙江大学出版社，2019.5
ISBN 978-7-308-19127-2

Ⅰ.①法… Ⅱ.①浙… Ⅲ.①电子商务—支付方式—
法律—研究 Ⅳ.①D913.990.4

中国版本图书馆 CIP 数据核字(2019)第 083204 号

法律链金术——区块链法律实践剖析

浙江金道律师事务所 编著

责任编辑	钱济平 陈佩钰
责任校对	杨利军 张振华
封面设计	春天书装
出版发行	浙江大学出版社
	（杭州市天目山路 148 号 邮政编码 310007）
	（网址：http://www.zjupress.com）
排 版	杭州中大图文设计有限公司
印 刷	绍兴市越生彩印有限公司
开 本	710mm×1000mm 1/16
印 张	17.5
字 数	200 千
版 印 次	2019 年 5 月第 1 版 2019 年 5 月第 1 次印刷
书 号	ISBN 978-7-308-19127-2
定 价	68.00 元

序一:勇于担当,善于钻研新法律服务

　　"区块链"这个人们耳熟能详却又不知就里的概念,令许多勇于创新的企业与个人十分关注和疑惑。当我国第一家互联网法院首次判决认定区块链存储证据的证据效力时,当区块链技术最为知名的应用比特币成为全球投资热点,而后又被我国央行禁止流通时,当中央和省级政府先后将区块链列为新兴前沿技术鼓励发展时,人们不禁都想问:区块链的法律边界究竟在哪里? 区块链是一项合法的创新技术,还是一个骗局?

　　其实,饱受争议的是运用区块链技术的虚拟货币,而并非区块链技术本身。区块链作为一种新兴信息技术,已明确无疑地获得国家政策的支持。国务院于 2017 年 11 月 27 日发布的《关于深化"互联网＋先进制造业"发展工业互联网的指导意见》,明确要"促进边缘计算、人工智能、增强现实、虚拟现实、区块链等新兴前沿技术在工业互联网中的应用研究与探索"。国家知识产权局于 2018 年 1 月 17 日发布的《知识产权重点支持产业目录(2018 年本)》,明确了国家重点发展和亟须知识产权支持的重点产业,其中,"区块链"属于国家重点发展的"新一代信息技术产业"。工业和信息化部、国家发展和改革委员会于 2018 年 7 月 27 日联合印发的《扩大和升级信息消费三年行动计划(2018—2020 年)》,明确要"深化信息技术融合创新应用","组织开展区块链等新型技术应用试点"。国家互联网信息办公室于 2019 年 1 月 10 日发布的《区块链信息服务管理规定》,力促区块链信息服务活动更加规范。

工业和信息化部信息中心发布的《2018 年中国区块链产业白皮书》显示,截至 2018 年 3 月,我国以区块链为主营业务的企业数量已经达到了 456 家。从区块链产业细分领域新成立企业分布状况来看,行业应用类公司数量最多,其中为金融行业应用服务的公司达到 86 家,为实体经济应用服务的公司达到 109 家,区块链解决方案、底层平台、区块链媒体及社区领域的相关公司也均在 40 家以上。另据佰腾专利检索系统统计,以申请日统计,2018 年中国区块链专利申请量达到了 2913 件,相较 2017 年的 1351 件增长 115.6%。其中,阿里巴巴集团 2018 年申请区块链专利 83 件,其总计申请专利已达到 145 件,"排在全国乃至全球第一名"。

浙江作为中国创新发展的前沿省份,杭州在民间又有"中国硅谷"的美誉。总部设立在浙江杭州的浙江金道律师事务所,紧跟技术创新的步伐,从法律分析的角度研究区块链,为区块链技术的创造者、管理者、运用者、服务者、受益者和受害者等提供法律知识的参考。本书涵盖区块链知识产权的布局和应用、区块链业务经营中的民事和刑事法律风险、投资者参与区块链项目的法律风险防范、区块链技术运用及监管的国际经验,以及与区块链产业相关的政策文件,值得关注。

金道律师一贯以客户需求为导向,善于钻研。相比传统法律领域,作为新兴技术的区块链法律研究无疑需要克服更多困难。我们也慎重地提示,本书与区块链一样属于创新的成果,其内容并不构成专项法律意见,仅作学术探讨。我们希望本书能对读者有所帮助,期待读者的指正,并与读者共同提高。

金道律师事务所主任　王全明

2019 年 2 月 10 日于杭州

序二：做区块链法律服务的领跑者

行业需求在哪里，律师就应该出现在哪里。努力为客户寻求法律问题的最佳解决之道，是金道律师的执业理念。

2018年，一群对行业具有敏锐嗅觉的金道青年人，在管理合伙人史源的带领下，开始密集研究区块链国内外法律政策，其间举办了三次公开的区块链法律研讨会。现在，《法律链金术——区块链法律实践剖析》成为金道出版的第八本书，也是金道在新领域法律服务产品上的又一次探索。

我曾在2001年到英国伦敦培训，感受到英国律师服务的有形化，从法律服务文本上就可以发现他们的敬业和专业。例如，发给客户的聘用函、起草的合同范本、法律意见书、代理意见等，不仅内容非常专业，而且形式上亦非常精美，让客户感受到律师的专业和用心，这就是法律服务行业的客户体验。

而当时在国内，客户往往以结果为导向，对律师的服务过程不甚重视，故而律师也忽略了过程的有形化。但是，随着一些律所向境外学习，逐步引入有形化的服务,越来越多的客户对律师服务过程愈加重视。我深刻感受到,在日趋激烈的竞争中,律师的服务应该以一种有形的方式让客户看得见,不应仅告知客户一个结果,而是告知客户,律师是如何推演出最后的结论,让客户认可我们的专业,从而比较不同律师的专业水准。

早在 2012 年,我在所里就提出了法律服务产品的概念。我认为,法律服务,特别是非诉讼法律服务,需要引导客户聘请律师。因为客户不清楚在项目或事务中,律师能够做什么,有过什么业绩,并且有多么专业。因此,我们需要将我们的法律服务"有形化"和"产品化"。于是,在金道,我们先后举办了三届法律服务产品评比大赛,涌现出 60 余项产品,其中既包括成熟的、富有经验的法律服务总结,也有对新领域的法律服务研究。从此以后,法律服务产品的研发在金道蔚然成风。

2017 年,杭州市司法局、杭州市律师协会举办首届法律服务产品大赛。金道凭借多年的积累,提交的产品数量和获奖情况在杭州首屈一指。9 个产品获得奖项,其中《政府方参与 PPP 项目全程操作指引》获得一等奖,《商品房交付专项法律服务产品》《社会资本方 PPP 战略规划及全程操作指引》《外贸出口法律风险防范和应对》《企业境外投资法律服务指南》《商品房销售及交付专项法律服务产品》获三等奖,《不良资产(综合处置)法律服务产品》《贷款业务中的刑事风险防范及刑民交叉问题处理》《房地产领域特色尽职调查之长租公寓法律尽职调查》获优秀奖。

我们欣喜地看到,金道的年轻人不止于此,而是不断创新。在 PPP 法律服务产品获得一等奖后,史源律师带领青年律师,在 2018 年将目光瞄准了数字经济领域的热点之一,区块链。在浙江打造数字经济"一号工程"的大背景下,这一研究十分及时。金道律师们从国内法律政策环境和案例出发,研究区块链行业的投资风险及合规风险。在纷繁复杂的表象后,究竟隐藏着怎样的法律风险,如何不触碰法律的底线,希望创业者、投资人在阅读本书后能够获得启示。

2018年10月,我作为中国律师代表,赴罗马参加国际律师协会(IBA)年会,发现其中一个热点话题就是区块链。我参加了相关的研讨会,聆听了来自美国、瑞典、日本、新加坡的律师介绍本国关于数字货币和区块链行业的最新监管政策。虽然各国政府的监管态度、规定、做法都不尽相同,但我认为,在晦涩难懂的技术背后,关于投资者保护、公开透明和信息披露、防止欺诈等法律规则是亘古不变的。因此,所内有留学背景的青年才俊,认真研究了美国、日本、新加坡的法律规定和监管政策,希望为投资境外的业内人士提供借鉴,也希望通过比较研究加深对这一新兴行业法律规则的理解。

这本新书目前仅是1.0版本,我相信,随着研究的深入和实务经验的增加,后续的产品会更加丰富和深刻。我也期待,金道年轻的法律人可以抓住新经济带来的历史机遇,在专业化方面更加对接行业,做行业的专业律师,充分运用法律规则和法理智慧,为新兴行业的合法、合规经营指明方向,为浙江数字经济的蓬勃发展作出法律人应有的贡献。

金道律师事务所管理合伙人　崔海燕

2019年1月10日于杭州

序三:助力区块链行业合规发展

随着全球产业革命和科技革命的不断深入,国际产业格局加速变革,创新成为引领产业发展的最强动力。从全球范围来看,"互联网+"的时代已经来临,网络信息技术已成为新技术竞争的高地,是全球研发投入最集中、创新最频繁、应用最广泛、影响作用最大的领域之一,也是引领和深化产业变革、推动我国经济向高质量发展的关键力量。

区块链作为点对点传输、分布式数据存储、加密算法、共识机制等计算机信息技术在互联网时代的创新应用模式,其本质是一种去中心化的分布式记账技术,其具有提高经济活动效率、提升透明度、降低成本和加大数据安全性等一系列潜在优势,一度被认为是继大型机、个人电脑和互联网之后计算模式的颠覆性创新。截至目前,区块链技术的应用已延伸到金融、供应链管理、数字资产交易、文化娱乐、智能制造、教育就业等多个领域。

近年来,区块链已成为金融科技领域广泛探讨的热门话题之一,对这一技术的研发呈现出爆发式增长趋势。包括美国、日本、新加坡、韩国在内的多个国家均投入了大量的人力、财力和物力进行区块链技术研究,并成立和鼓励多家企业从事区块链技术的推广和应用,联合国、国际货币基金组织等国际组织也对区块链给予了高度关注。近年来,区块链技术及应用在我国多个行业引起了热切关注,北京、上海、深圳、重庆等城市先后成立了不同形式的联盟,我国政府也颁布了相关政策支持和促进区块链技术的研究与应用,相信我国区块链产业也将迈入新的发展阶段。

与此同时,区块链项目却频频爆出集资诈骗的新闻,对此各国纷纷出台了监管方针,对区块链行业进行监管已成为大势所趋。而区块链企业经营者、项目发行方、投资者如何应对区块链行业产生的多方面法律风险,仍是需要我们不断思考和回答的问题。

本书通过大量国内外调研、文献资料搜索,并结合律师法律实务经验,以期为从事区块链业务的企业高管、项目发行方和投资者以及区块链法律服务者提供有益参考。

本书主要由以下七部分构成:第一章为概述,主要介绍了区块链的基本定义、研究现状和前景展望;第二章为区块链知识产权的布局和应用,讨论了区块链技术在知识产权领域的应用以及知识产权领域对区块链技术的保护,并从专利、商标、著作权、商业秘密等多个方面介绍了国内外区块链知识产权的保护现状,对区块链知识产权的布局、申请、挖掘和保护进行了要点提示;第三章和第四章为企业经营中的民事和刑事法律风险,主要通过案例分析方式,分别对区块链企业经营过程中可能遇到的民事和刑事法律风险进行探讨;第五章为投资者参与区块链项目之法律风险防范，从项目投资协议、项目白皮书、项目风险评估指引等方面研究了投资者的参与风险以及相应的防范建议；第六章为技术运用及监管的国际经验，研究了日本、新加坡、美国区块链技术运用及监管经验；第七章为政策规定，主要介绍了与区块链行业相关的国家政策要点。

金道律师事务所管理合伙人　史　源

2019 年 1 月 24 日于杭州

目　　录

第一章

概述

一、"区块链"一词的来源

区块链的概念第一次出现在我们的视野中是比特币的创始人中本聪在 2008 年写的《比特币：一种点对点的电子现金系统》中提到的。论文中虽然没有明确提出"区块链"这个词的定义和概念，但是论文详细描述了如何创建一套去中心化的电子交易体系，并且这种体系不需要建立在交易双方相互信任的基础之上。"区块链"这个名词实际上是后来人们总结归纳后提出的。

在市场经济之中，交易要想发生并完成，交易双方相互信任是基础。没有信任，交易就很难成功，换句话说，交易过程中存在着信任中介。举个简单的例子，现在社会上非常流行在淘宝网购物，我们选中某件心仪商品下单后所付出的货款并不会马上支付给卖家，而是通过支付宝平台，在我们确认收货以后，平台才会将货款转给卖家。可以说，我们的金钱、隐私等信息其实都依附于类似支付宝这样的中介平台。线下交易也是如此，货币之所以能作为商品交易的媒介，就是因为有政府作为信任中心赋予货币价值，没有政府为之担保，它就是普通的一张纸。

简而言之，区块链就是一种公共记账技术，它的诞生是为了降低我们在交易中产生的信任成本。

二、对"区块链"性质的认知

区块链的定义是什么呢？在维基百科上我们可以找到较为详细的描述，简单归纳如下：区块链是一种分布式数据库技术，通过维护数据块的链式结构，可以维持持续增长的、不可篡改的数据记录。

笔者认为，维基百科的释义并没有将区块链的核心价值点明，它更多的是强调区块链的公共记账技术属性，而区块链更重要的是以去中心化的方式解决多方互信和价值转移的问题。

区块链的本质是一种去中心化的分布式记账本。去中心化其实就是将类似支付宝、微信这样的信任中介去除，在我们的日常买卖等商品交易中不需要围着它们转，而可以通过点对点的交易直接进行。如此一来，可以避免中心化存储带来的安全和单点崩溃问题，以及信任中介因为权力太大而随意添加、删减或修改交易信息等问题。

分布式记账本，就是将在体系中发生的任意交易加密录入服务器的数据库中，即我们通常所说的"分布式账本技术"或者"全民记账"。区块链并不只是将信息记录到一个服务器中，而是同步记录在不同地方的多个服务器中。信息一旦录入就很难再进行添加、删减或修改。区块链同时结合了共识机制来保证数据的一致性，就算其中一台服务器的数据被损毁，其他的服务器还在，存储的数据依然安全有效，其独立存在于互联网上，不受任何中心化个人、组织或机构所控制，而在体系中的所有人都会维护这个数据库，并且相互监督。

数据的安全性是当下社会非常关注的焦点问题,区块链的信息同样也是加密的,采用的是非对称加密,每一个数据库就好像是一个保险柜,钥匙在你自己的手里。你或者你授权的人才可以看到在不同的保险柜中属于你的文件。非对称加密一般包含两个密钥:公钥(public key)和私钥(private key),它们是成对存在的。公钥的作用是对数据进行加密及验证签名,私钥的作用是对数据进行解密及签名。公钥一般是公开的,私钥是自己保存的。与传统的对称加密相比,非对称加密更加具有安全性,是一种更为高级的加密方式,常见的有 RSA、ECDSA 等。因此,区块链通过去中心化、集体协作、非对称加密等方式来维护数据库安全可靠、不被篡改。

在笔者看来,区块链本质上是一种价值传输信任协议,也就是传统意义上的一种协议。在过去很长的时间内,互联网上并没有这种协议,因此也就无法进行价值的传输和确权。现在有了这样一种协议,与传统的互联网相结合,形成"互联网+",这样一来就可以通过互联网传输各种价值和可信的消息,甚至进行确权、权证转移、消息证伪等。

三、为什么研究"区块链"

区块链是点对点传输、分布式数据存储、加密算法、共识机制等计算机信息技术在互联网时代的创新应用模式。区块链技术一度被认为是继大型机、个人电脑、互联网之后计算模式的颠覆式创新,极有可能在世界范围内引起一场崭新的技术革新和产业变革。联合国(UN)、国际货币基金组织(IMF),以及美国、俄罗斯、英国、德国、加拿大、日本、新加坡等国家也都对区块链的发展给予了高度的关注,以积极的姿态探索和推动区块链在各个领域的应用。截至目前,区块链技术的应用已然延伸到物联网、供应链管理、数字资产交易、智能制造等多个领域。

近几年来,区块链技术和应用在我国也引起了多个行业的热切关注,北京、上海、深圳、重庆等城市先后成立了不同形式的联盟,而区块链的开发、应用及实践主要在以金融科技为代表的领域展开,与此同时,大众在媒体的推动下不断掀起新的讨论热潮。总的来看,在多重力量和因素的催化下,区块链技术很有可能已经进入一个高速发展的阶段。除此之外,我们同样也要保持理性,清醒地认识到,区块链技术是否成熟可用,仍然需要各国、各组织投入新的研发技术并通过应用实践来证明。由此可见,区块链的发展并非万事顺遂,而是机遇与挑战并存,动力与障碍共同作用,尤其是缺乏在金融领域之外的成熟应用,迄今为止仍是区块链的不足之处。更为重要的是,2016 年前后发生的一系列安全事件,也渐渐显示出区块链技术在各个方面仍然面临安全风险和挑战①。

为系统研究分析区块链技术和应用的发展趋势,梳理我国法律服务行业在区块链技术和应用发展过程中可能遇到的一系列法律风险,并提出相关建议,推动我国区块链技术和产业发展,我们共同编写了本书,目的是为市场经济中的各行业、各级政府主管部门、各从业机构提供指导和参考。

---

① 参见《中国区块链技术和应用发展白皮书(2016)》。

四、区块链的前景

近些年来,区块链技术正在经历高速发展。在这一过程中,笔者以为,最值得我们重视的是,区块链俨然已经进入金融行业、超大型企业以及政府部门决策层的视野,大有引发技术变革和经济变革的趋势。

2016 年 1 月 20 日,在北京召开了中国人民银行数字货币研讨会,该会聚集了来自中国人民银行及国内外知名机构的数字货币研究专家,对区块链的相关话题也进行了研讨和交流。中国人民银行行长周小川出席了会议,副行长范一飞主持会议。中国人民银行表示将高度重视移动互联网、可信可控云计算、终端安全存储、区块链等技术对于支付方式的影响和变革,数字货币的发展正在对中央银行的货币发行和货币政策带来新的机遇和挑战。

几乎就是在同一时期,IBM 宣布加入由 Linux 基金会推出的全新开放式账本项目(Open Ledger Project),从而推动区块链技术的进一步发展。该项目旨在构建一个企业级的开源分布式账本框架,使开发者能够根据特定行业的具体需求打造领先的应用、平台及硬件系统等,以更好地支持不同行业、不同领域的区块链业务交易安全兼顾效率。

R3 CEV 是一家区块链分布式账本技术提供商,以联盟形式存在,其核心职能是制定银行业区块链技术开发的行业标准,以及探索实践应用,并建立银行业的区块链组织,致力于为全球金融市场设计和提供先进的分布式记账技术,其总部位于纽约。由 R3 CEV 发起的 R3 区块链联盟负责管理私有点对点台账链接,至今已吸引了 42 家银行业的巨头参与,其中包括美国银行、富国银行、纽约梅隆银行、花旗银行、德意志银行、德国商业银行、汇丰银行、加拿大皇家银行、瑞典北欧斯安银行、法国兴业银行、三菱 UFJ 金融集团、摩根士丹利、澳大利亚国民银行等。它的首个分布式账本实验使用以太坊平台和微软云服务 Azure 上的 BaaS(Blockchain as a Service,区块链即服务)为基础。

区块链的特点就是去中心、信息加密、集体维护数据。如今,国内外许多公司都极力招纳区块链人才。谁能率先掌握区块链的技术,谁就能弯道超车,很有可能成为新时代的"BAT"。

从对人类文明的影响来看,技术要么改变生产方式,要么改变生产工具,或者两者都有。人类历史上最近的一次技术革命是计算机和互联网,计算机作为生产工具极大地提高了生产效率,互联网作为媒介,向全世界提供了全球化的信息共享,改变了人类的生产生活方式,实现了"地球村"。从当前区块链技术所展现出来的实力来看,分布式账本实现了去中心化的更大规模的协作作用,补充完善了互联网的价值体系。除此之外,区块链还可以记录一切对人类而言有价值、有意义的财富,比如所有权凭证、股票、知识产权、征信、保险赔偿等。如果有一天,区块链成为互联网的底层技术,那么互联网将不再是信息互联网,而将变成价值互联网。全世界的每一笔价值交换活动都将被区块链技术加盖上时间戳,透明可查而且很难被篡改。

假如有幸,区块链技术能够被广泛应用在未来的生活当中,那么,主要由不断降低搜索、协调、数据收集和决策制定的成本所驱动的信息互联网,将会升级到由不断降低的交易、监管、执行社会和商业协议成本所驱动的价值互联网,其根本目的还是保护所有价值创造、传递过程的公平性、安全性和隐私性。

区块链技术产生了一种全新的生产工具,并改进了生产方式,其对人类文明将产生巨大影响是毋庸置疑的。然而从当前已有的例子来看,很难确定其最终走向,身处洪流中的我们也只能摸着石头过河,并积极拥抱浪潮中的每一朵浪花,在这样的过程中也许我们能提前看到未来发展的脉络。

第二章

区块链知识产权的布局和应用

一、区块链知识产权概述

（一）区块链技术在知识产权领域的应用

区块链技术基于其分布式账本的技术原理，可建立一种安全、可靠、不可篡改的信息链，这一特点对于知识密集型领域，尤其是知识产权领域尤为重要，利用区块链技术的追踪、确源能力可确保知识产权权利形成、使用、扩散时的准确性及不被滥用。

在法律意义的知识产权领域内，以确权、维权和运营等不同阶段划分，知识产权的注册、应用、保护及各阶段内的诉讼程序皆可有区块链技术的参与。如为在线音视频网站管理数字权利的源头，分散知识产权确权时的审查压力以加快知识产权注册流程，控制及追踪已注册或未注册的知识产权分布，简化知识产权许可以快速收取许可费，检测假冒商品、赃物、平行进口商品等非法物品，区块链技术在上述领域皆可发挥自身功效。

（二）知识产权领域对区块链技术的保护

区块链技术的普及和应用将极大推动其在各个领域的渗透。随着技术的渗透，相应地将带来区块链技术在知识产权领域的应用壁垒和归属问题。因而，知识产权反向地可给予区块链技术的研发者一定的保护及限制。

区块链技术大致可以分为三个层次,第一层是密码学、通信技术、算法等底层技术,类似电脑的操作系统,维护网络各个节点;第二层为扩展层,类似电脑的驱动系统,目前主要是各种交易市场和平台;第三层为应用层,类似于电脑中的各个应用程序,也是和商业结合得最为紧密的层级。目前,在金融行业,特别是银行系统中,在银行的某项业务中嵌入区块链技术的应用,已经在实际操作。针对三个不同层级的区块链技术,自2008年中本聪发表区块链电子现金系统的论文后,全世界范围内掀起了一轮区块链专利申请竞赛。区块链专利申请的主要国家为美国、中国、韩国和英国,其中,美国主要集中在底层技术层面,而中国的申请主要集中在第三层面应用场景的专利。同时,美国的申请人多为金融机构,而中国的申请人多为初创型公司。

值得注意的是,在专利申请中,出现了一些非专利实施主体(Non-Practicing Entities,NPE)。NPE通过自身申请或者许可、转让的方式获取专利权,但其目的并非实际实施专利,而是通过许可、诉讼等运营行为,获得利益。在区块链应用并未大规模开展的情况下,NPE不会采取相关行动,但是在不久的将来,当区块链技术像互联网一样普及时,将是NPE大规模进攻的时候。

在商标注册这一块,"区块链"三字已是抢注的"重灾区",不少公司已将注意力转向注册识别度高的区块链延伸名称,在区块链技术日益壮大的过程中,提前占领知识产权领域的高地,建立自己的知识产权堡垒。

大部分公司对于区块链技术在知识产权领域的提前布局,自然是为日后规模扩大后,避免不必要的争端预先上好"保险",同时也是打磨对抗的"武器",因此区块链技术在知识产权领域的布局,对日后区块链技术应用的保驾护航十分关键。

二、区块链专利的布局

(一)专利对于区块链技术的价值

区块链技术萌芽后,在中国迅速且广泛地发展。政府作为对该技术的观察者和管理者,应当适度地把控调整区块链技术的应用方向。在资本、市场、技术都在摸索的过程中,知识产权领域的专利布局利用其成本低、空间大、收益广等特点,对于互联网巨头公司或是意图"弯道超车"的中小企业而言,均是一片新的技术军备战场。各相关行业的公司也注意到,在知识产权意识越来越强的今天,专利无论在商业上还是在技术研发上均发挥着无可替代的作用。

1. 谋求市场的产品高占有率

专利的本质在于公开换垄断,企业研发的技术方案被授予专利权后,即获得了该项技术方案的排他性权利,任何单位或者个人未经专利权人许可,不得以生产经营为目的制造、使用、许诺销售、销售、进口其专利产品,或者使用其专利方法。若除专利权人以外的其他个人或单位实施其专利,需获得专利权人的许可,并按照双方的协议支付专利使用费,否则将构成对专利权人的侵权行为。

尤其对于仍处于前期技术发展阶段的区块链技术而言,通过专利权垄断效应,可限制竞争对手在区块链技术应用研发后孕育的新产品方案,竞争对手或仅可采取加大研发投入以开发不同方案的产品,甚至直接放弃区块链技术在该领域的应用,或采取支付一定许可费的方式。而持有区块链技术的专利权人,一方面增加了市场占有率,另一方面可在专利领域为企业获利。

2.增加市场宣传的筹码

对于企业而言,专利的数量和质量在一定程度上可代表该企业在行业内的地位。在区块链企业进行市场推广和广告宣传时,区块链专利对企业产品的附加值的贡献率相当高,尤其对于研发型企业来说,技术就是命脉,而区块链专利则反映了企业在区块链技术上的研发水平,在产品对外销售时专利将起到决定性的说服作用,并给予竞争对手以威慑,增加产品投标时的筹码。

3.刺激新一轮研发

在企业层面上,在专利赋予专利权人一定的专用权和排他权后,对于前一代产品许可收益、市场占有的专利经济补贴等将有利于激发新一轮研发活动的持续。在研发人员层面上，专利的效益是对其劳动成果的肯定，是对其工作价值的褒奖。因此，区块链企业和研发人员将更有动力推动后一代产品的改进研发，加快区块链技术的应用，以契合区块链技术的高速发展。基于该良性循环，企业和研发人员的技术实力将持续地增强，在区块链领域稳固得更为长久。

其他如企业评定、技术打击、专利资本化等也是专利在企业运营时常见的价值体现。

（二）区块链专利国内外申请情况

在区块链技术的成长期内，其还未真正进入市场或全面扩散至各领域前，各企业或出于保护新技术开发的创意，或出于及早获得区块链技术在各应用领域内的排他性权利，或出于为企业未来在新技术领域的开拓考虑，正在迅速采取行动，以区块链技术为核心申请专利。

1.区块链专利国内申请情况

表 2-1 为全球区块链专利申请量排行榜。中国是自 2017 年起区块链专利申请方面最活跃的国家，全球区块链专利申请前 20 强的企业也以中国企业为主，其中阿里巴巴势头迅猛，自 2017 年起便申请大量区块链专利，一举超过区块链专利申请的先驱者 IBM、万事达卡（MasterCard）及美国银行（BOA）。

表 2-1 全球区块链专利申请量排行榜

排名	公司名	数量(件)	所占比例
1	阿里巴巴集团控股有限公司	90	10.2%
2	International Business Machines Corporated	89	10.1%
3	MasterCard International Incorporated	80	9.1%
4	Bank of America	53	6.0%
5	中国人民银行	44	5.0%
6	nChain Holdings Limited	43	4.9%
7	Coinplug，Inc.	42	4.8%
8	腾讯科技(深圳)有限公司	40	4.5%
9	杭州复杂美科技有限公司	39	4.4%
10	上海唯链信息科技有限公司	38	4.3%
11	Accenture Global Solutions Limited	37	4.2%
12	北京瑞卓喜投科技发展有限公司	36	4.1%
13	中国联合网络通信集团有限公司	34	3.9%
14	布比(北京)网络技术有限公司	33	3.8%
15	杭州云象网络技术有限公司	31	3.5%
16	深圳市轱辘汽车维修技术有限公司(轱辘车联数据)	31	3.5%
17	深圳前海达闼云端智能科技有限公司	31	3.5%
18	中链科技有限公司	30	3.4%
19	江苏通付盾科技有限公司	30	3.4%
20	深圳壹账通智能科技有限公司	30	3.4%
总计		881	100%

注:数据截至 2018 年 8 月 10 日。

回溯到 2017 年,区块链技术随着"比特币"的大热而为大众所熟知,嗅觉灵敏的中国企业也自 2017 年起,在专利领域作区块链技术的布局。表 2-2 为国内区块链专利申请前 20 强及其申请数量,阿里巴巴仍位居榜首。表 2-3 则为国内区块链专利申请的时间分布。

表 2-2　国内区块链专利申请排行榜

申请人(前 20 名)	数量(件)
阿里巴巴集团控股有限公司	68
北京瑞卓喜投科技发展有限公司	36
杭州复杂美科技有限公司	35
中国联合网络通信集团有限公司	33
深圳前海达闼云端智能科技有限公司	33
中链科技有限公司	28
杭州云象网络技术有限公司	28
江苏通付盾科技有限公司	26
布比(北京)网络技术有限公司	25
北京欧链科技有限公司	23
上海唯链信息科技有限公司	21
腾讯科技(深圳)有限公司	21
中国银行股份有限公司	20

续表

申请人（前 20 名）	数量（件）
杭州趣链科技有限公司	20
济南浪潮高新科技投资发展有限公司	20
深圳前海微众银行股份有限公司	20
电子科技大学（成都）	20
北京众享比特科技有限公司	19
国家电网公司	18
招商银行股份有限公司	18
总计	532

注：数据截至 2018 年 8 月 10 日。

表 2-3　国内区块链专利申请的时间分布

申请年	数量（件）
2018	345
2017	1133
2016	445
2015	18
总计	1941

注：数据截至 2018 年 8 月 10 日。

从表中不难看出,区块链专利的申请者不乏金融等区块链技术应用发展最为迅速的领域的企业,但更多的则是科技研发类企业。与国外区块链技术申请人以金融企业为主有所不同,国内企业更看重区块链技术在各领域内的发展,如"中链科技有限公司"申请的名为"一种土地权属数据处理方法、系统和计算机可读存储介质"的专利,其技术方案则是区块链技术在土地经营权、使用权流转中更高安全性的应用。表 2-4 为国内区块链专利申请中 IPC 分类号的分布情况。其中,H04L(数字信息的传输)及 G06Q(专门适用于行政、商业、金融、管理、监督或预测目的的数据处理系统或方法)的 IPC 大类为专利申请方向的重点,其中更是以数字信息的传输为最主要的技术领域。可见国内企业在区块链技术相关领域的"快速占领",对于后进入的企业来说,使其可进行专利布局的空白之地逐渐稀少,机会也在迅速流失。

表 2-4 国内区块链专利申请的 IPC 分类号分布情况

IPC 分类号	数量(件)
H04L29/06	462
H04L29/08	374
G06Q20/38	367
H04L9/32	336
G06Q40/04	250

续表

IPC 分类号	数量（件）
G06F17/30	244
G06Q20/40	183
H04L9/08	133
G06Q20/06	113
G06F21/62	111
G06Q30/06	102
G06Q30/00	97
G06F21/64	73
H04L9/06	73
G06F21/60	64
G06Q30/02	63
G06Q40/02	51
G06Q20/10	50
H04L12/24	49
G06Q10/08	47
总 计	3242

注：数据截至 2018 年 8 月 10 日。

国内企业在区块链技术各领域内应用的专利布局，一方面体现了国内知识产权环境的巨大进步，一旦有新技术出现，企业对于新技术的知识产权已极度敏感；另一方面，企业对于专利许可的收益野心可见一斑，通过提前架起技术壁垒，为企业寻找产品延伸的获益点。

2.区块链专利国外申请情况

表 2-5 为区块链专利的主要申请地区及申请量情况。中国企业作为区块链专利的主要贡献主体，自然在专利申请量上位居世界第一，美国及开曼群岛的企业分居第二和第三位，考虑到开曼群岛的税收特殊性，实际上区块链专利的申请企业以中国和美国为主。

表 2-5　区块链专利主要申请地区和申请量

申请人来源地	数量（件）
中国	1773
美国	729
开曼群岛	69
日本	10
英国	7
爱尔兰	4
萨摩亚	3
安提瓜和巴布达	2

续表

申请人来源地	数量（件）
法国	2
韩国	2
瑞士	1
其他	1
总计	1898

注：数据截至 2018 年 8 月 10 日。

表 2-6 则显示出国外区块链专利的申请人排名，其中以 IBM、美国银行及万事达卡为主要申请人。美国银行和万事达卡作为最早涉足区块链专利申请的企业，从 2012 年已着手进行专利布局，当时由于区块链技术的标准和应用尚未明朗，两申请人的专利申请呈推广但不盲目的态势。

表 2-6　国外区块链专利申请排行榜

申请人	数量（件）
International Business Machines Corporated	56
Bank of America	56
MasterCard International Incorporated	41
nChain Holdings Limited	40
Eitc Holdings Limited	33

申请人	数量（件）
Accenture Global Solutions Limited	26
Cognitive Scale,Inc.	16
British Telecommunications Public Limited	15
FMR LLC	11
Guardtime IP Holdings Limited	10
주식회사 코인플러그	10
Northern Trust Corporation	9
Bao Tran	8
GSC Secrypt,LLC	8
Itext Group NV	7
Nasdaq,Inc.	7
Nokia Technologies Oy	7
ShoCard,Inc.	7
总计	404

注：数据截至 2018 年 8 月 10 日。

根据表 2-7 所示的国外区块链专利申请时间的统计，可看出国外企业对区块链专利的申请呈稳步上升的态势，虽申请时间早于国内，但申请热情不及国内企业，这也是近两年来区块链技术在国内获得较多投融资关注的情况下带来的井喷效应。相应地，中国区块链专利的申请热情会在一定程度上影响美国企业对于区块链专利的申请策略，是仍以稳步前进为主，还是以略微激进、提早进场为主。笔者更倾向于后者。

表 2-7 国外区块链专利申请年份和数量

申请年	数量(件)
2018	345
2017	1133
2016	445
2015	18
2014	1
2010	1
2009	2
2004	2
1998	2
1984	1
总计	1950

注:数据截至 2018 年 8 月 10 日。

(三)布局与挖掘区块链专利

对于国内企业而言,面对区块链专利的申请趋势所采取的应对措施将很有可能影响企业的未来走势。由于我国的专利制度采取先申请原则,专利权授予先申请人,在区块链技术渗透至各个领域并大展拳脚的背景下,越来越多的企业入局区块链专利申请,不同企业之间难免会有雷同的技术方案产生,因此区块链专利申请越早,也就越容易得到相应的保护。

有了相应的时间性需求和区块链专利重要性意识,如何进行区块链专利的挖掘,提供数量与质量均适度的区块链专利,并围绕关键点布局区块链专利,便是国内企业需要面对的问题。换句话说,面对区块链专利的申请热度,"怎么做""何时做""往哪做""做多少"是国内企业迫切需要解决的几大问题。

1.区块链专利布局的时间点

通常,包含某一技术方案的专利申请时间相对于该技术方案真正落实应用要早两至三年,甚至技术方案最终并未在实际中应用,或是申请人本身未应用,而是由其他企业"发扬光大"的。不少企业对于专利申请的态度依然相当积极,这主要是由于专利本身所具有的财产属性。尤其是对于目前发展方向尚未明朗化的区块链技术而言,早申请早布局,早布局早圈地。即使尚未真正实现区块链技术的落地应用,甚至入局区块链失败,也不会妨碍区块链专利的申请。反过来可以说,区块链专利将是"弯道超车"的救济措施。专利保护的不仅仅是落地的产品,也包括尚未落地的技术方案、概念化的技术应用等,因此,只要逻辑上行得通,技术上可实现,皆可进行区块链技术的专利化。区块链专利确权后,即使应用没有成功,区块链专利也能够通过许可、转让等形式为企业创造不菲的财产价值。

因此,企业在研发和调研区块链技术时,也应当同步地在法律层面上实现自身技术的专利化,而专利化最佳的启动时间,就是现在。

2.区块链专利布局的方向性

区块链技术作为近两年快速发展的热门领域,主要借助于其去中心化的核心"东风",也得益于其在各个领域皆有发挥余地的特点。因此,笔者认为,所有企业都具有结合区块链技术的发展前景,也就是说,对于所有企业而言,都具有在自身领域内布局区块链专利的可能性。以"垃圾清运"这一生活中较为常见的现象为例,目前的垃圾清运,主要依靠清运工自身的经验,决定每一垃圾收集点的收集时间、多个收集点的收集路线、安排人员、收集频率等。若将垃圾清运结合大数据,并进一步利用区块链技术对大数据作分布式处理,如每一辆清运车具有独立的数据处理装置,处理完毕后的数据通过清运车间的网络链路共享更新,以达到对所有垃圾收集点情况的分析,从而实现垃圾清运的最优解。可以肯定的是,在当今互联网技术的浪潮下,每个行业都将面临网络化或智能化的革新,每一个可能革新的方向,都可作为该行业内企业进行区块链专利布局的落脚点。通俗点来说,企业可通过以下"布局公式"确定好自身在区块链技术浪潮中的行动方向:

区块链专利布局方向=本行业传统技术+智能化+区块链技术处理数据

3.区块链专利的挖掘

在区块链应用的竞争中,若想在"弯道超车"的同时,尽量牵制竞争对手,除需要扩大区块链专利的布局点外,还需要增加自身在每一布局点内的"落子"数量。因此,企业需要挖掘内部可专利化的区块链相关技术方案以增加区块链专利的申请数量。在商业运营层面上,企业通常以推广自身的整个产品、产品链或项目作为推广单元,但在法律层面上,企业需破除"一个产品对标一件专利"的固有观念,并转变为"将产品分解为多个技术点结合的形态",以"一个技术点对标一件专利"的方式制定专利申请策略。因此,对于区块链专利的挖掘,一方面也就演绎为对于产品的分解,如可按照产品所实现的功能模块化分解,也可按照产品的硬件结构单元化分解等。对于产品而言,拆分得越细,自然可挖掘出的区块链专利的数量也就越多。当区块链专利积累到一定数量时,便可将其中的基础算法为核心的基础专利与使用层面结合的应用型专利等组合成某一技术领域的区块链专利包,从而做到利用该区块链专利包"进可攻、退可守",为自己在市场竞争中谋划更大的势力范围。

另一方面,对区块链专利的挖掘,也需要培养研发人员的知识产权意识。不少研发人员在谈及专利时,常认为自身研发的项目没有专利申请的必要,或改进点太小,不能申请专利。企业可通过邀请专业法律人士来进行培训,向研发人员普及专利授权标准,并聘请专利管理人员,增加研发人员提交专利提案的数量。只有在提案充足的大数据样本下，才可筛选出足够多的可作申请的区块链专利。

（四）区块链专利的申请要点

区块链专利作为企业在知识产权领域的"武器"与"盾牌"，其专利申请文件的质量便决定了该"武器"的"杀伤力"和"盾牌"的"防御力"，专利申请文本的撰写即对"武器"与"盾牌"的打磨。因此，在撰写区块链相关的专利申请文件时应注意以下几方面问题。

1. 保护主体

专利文件中，权利要求书是确定专利保护范围的重要法律文件。在专利确权后判定他人的技术方案是否侵犯了专利所要求保护的范围时，最先进行比较的便是产品主体与专利保护权利要求书。

在区块链相关的技术方案中，由于处处都可以是核心，因此也可以说没有一个非常明确、异于他处的绝对中心，由区块链连接的每一区块都可视为弱中心。也就是说，在区块链专利的技术方案中，涉及多点、多端间的交互。由于涉及的主体众多，且难以判定其轻重，在撰写专利申请文件时对保护主体的界定，便是非常关键的。一旦保护主体过大，将会增大侵权判定时基于全面覆盖原则的比对难度。

因此，在撰写区块链专利的权利要求书时，应当对主体以单侧保护的方式进行撰写。所谓单侧保护方式，是指对于涉及多端交互的技术方案,以其中一端作为主视角进行撰写,以形成将"该端"作为执行主体的权利要求。在选择主视角时,可考虑相对于现有技术,企业所研发的区块链技术的改进点体现在何处,是应用端、用户端、服务器端还是数据传输端、数据处理端等,以此抓住撰写主体所在的一侧。例如,可以架构用户端这一侧的权利要求书,也可以着重架构服务器端这一侧,或是着重区块链节点中的处理逻辑这一侧,以实现对区块链专利的全面保护。

2.专业术语的解释说明

在确定专利的保护范围时,常需要对权利要求书中所涉及的术语进行解释。术语解释不清,易导致权利要求范围不清。当这种情况发生时,法院将会由于无法界定权利要求书的范围而采取疑点利益归于被告的做法,判定被诉产品未落入专利的保护范围内。因此,专业术语的解释在专利申请文件的撰写中非常重要。

对于区块链专利来说,专业术语的准确定义和解释尤为重要。区块链技术作为一种新技术,很多术语为自造术语或新兴术语,甚至本领域技术人员也难以从术语的字面意思获知其含义。若在专利申请文件中没有对专业术语进行专业的定义和解释,轻则使得该专利的读者难以理解,对于行业发展不利,重则专利权的权利不稳定,企业将失去在该领域内对于该技术方案的保护权,竞争对手也可以实施相同的技术方案。

3.说明书

回到上文所述的区块链技术的本质,其通过算法将数据处理去中心化,主要手段是计算机软件的编制,因此区块链专利常属于软件专利。软件专利作为专利申请中数量与日俱增的类型,在专利申请时常使用自然语言来描述计算机程序的处理逻辑。由于处理逻辑表现为运算方式的演绎,因此对于处理逻辑、运算过程的描述常显抽象,不仅阅读时较为晦涩,理解起来也较为困难。

因此,作为专利申请文件中的另一部分——说明书,便起到了对权利要求书所保护的技术方案的解释作用。在撰写说明书时,为方便和清楚对于软件专利的技术方案的描述,会增加一定的场景描述内容。对于区块链专利而言,由区块链专利的技术方案往往上升到应用层面,而较少地涉及区块链技术的本质算法,这部分显得更加重要且更务实。在撰写说明书的具体实施方式部分,笔者认为,应对该专利申请文件所涉及的区块链技术方案的背景、应用场景、数据环境等罗列叙述,以帮助专利确权时的审查员、专利文献的读者、侵权判定时的法官更加清楚该区块链技术是在一个怎样的环境中运行的,整个运行环境如金融环境、大宗商品交易环境等的节点分布如何,节点关系如何等。

在对整体背景完整描述后,说明书对数据处理的逻辑变化的扩展与延伸进一步充实整个专利申请文件的内容。说明书对于权利要求书的丰富和补充,一方面在专利确权时可避免出现技术方案不清楚、权利要求书得不到说明书支持等问题;另一方面,在专利侵权时可避免专利保护范围因说明书撰写中的不足而导致的被动缩小等问题。也可以说，权利要求书决定了区块链专利保护范围的下限，而说明书则决定了区块链专利保护范围的上限。

4. 保护客体

作为软件专利中的一种，区块链专利自然也面临软件专利常见的困扰——保护客体问题。软件的本质是通过代码的编制，并交由计算机程序运行来实现用户目的，在运行过程中，软件所包含的解决某项问题、实现某个目的的方案便是包含技术特征的技术方案。软件专利所保护的便是该技术方案，而非软件本身的代码、运行的环境、运行的结果等。因此，软件专利确权后所形成的权利范围，为该软件结合硬件运行的设计构思，其他公司或个人只要采用了该软件专利的设计构思或方案，就可能构成侵权。

但根据《中华人民共和国专利法》（以下简称《专利法》）第二十五条的规定，对于智力活动的规则和方法，不授予专利权。因此，区分设计构思与智力活动的规则和方法便是区块链专利在确权过程中常面临的保护客体问题。笔者认为，软件专利的保护客体应表述为设计构思而非智力活动，因此需要在区块链专利中体现技术问题及与技术内核有关的逻辑。简单来说，无论是在区块链专利的权利要求书中还是说明书中，对于技术方案的描述应当更接近于构想的传递性，而非思想本身。也就是说，在描述技术方案时，应当着重于流程上如何实现专利申请人的设计构想，而勿将大量篇幅或权利要求书的主要内容放在对设计构想实现后可带来的功能升级、有益作用等的描述上，以向专利审查人员体现该专利的技术特征和技术问题的解决方案为主，而非技术问题解决后的"美好未来"。

此外，区块链专利由于区块链技术本身的性质，具有第二属性——商业性。基于区块链技术的一些应用是与基础的商业方法密不可分的。然而，单纯的商业方法并不属于专利法保护的客体。《专利审查指南》作为专利确权审查的核心标准，在 2017 年 4 月 1 日修订前，对于商业模式的专利做出如下规定：商业实施等方面的管理方法及制度作为智力活动的规则和方法，属于不授予专利权的客体。2017 年 4 月 1 日修订后实施的《专利审查指南》，部分放宽了涉及商业模式的专利申请的保护客体，其规定了涉及商业模式的权利要求，如果既包含商业规则和方法的内容，又包含技术特征，则不应当依据《专利法》第二十五条排除其获得专利权的可能性。虽然该次修订明确了涉及商业模式的专利在部分条件下不应当被排除获得专利权的可能性，但在撰写区块链专利申请文件时，仍需尤为注意，商业环境只是区块链技术的应用场景，该区块链专利属于作为技术方案的核心的区块链技术融入商业方法中的设计构想，而非通过区块链技术搭建的新型商业模式，侧重点更偏向于技术层面上技术特征的集合，而非商业层面上商业模式的改造。区块链专利通过区块链技术所提出的新型数据处理流程对商业方法进行整体包装，可使得权利要求书中所保护的技术方案跳出单纯商业方法的范畴，从而克服区块链专利可能碰到的不符合专利保护客体的问题。

其他如代码开放问题、图形用户界面(GUI)外观设计问题等，读者可借鉴软件专利在此处的常规做法,通过对代码实现流程的描述代替直接摆出代码的方式,以规避保护客体问题,及对于技术本身仍在萌芽阶段的外观设计持观望态度等。

不少金融人士、投资人士及开发人员将区块链技术称为互联网的二次革命,但这次革命尚未铺天盖地,真正属于区块链的大繁荣时代正加快步伐但尚未完全到来。在群雄逐鹿的区块链大战打响之前,提前布局区块链专利,可帮助企业在区块链技术市场竞争中掌握一把在关键时刻扭转乾坤的神兵利器。

三、区块链商标的布局

在知识产权保护的另一重点领域——商标,区块链技术的触角伸得更长、更早。对那些想要在区块链领域占据一席之地、开展区块链业务的公司而言,无论开展的业务如何,商标作为公司的"对外招牌",也成为许多企业进场的先手。

(一)区块链商标注册现状

一旦投资领域内有新风口产生时,与风口相关的一切都会价值倍增,且资本蜂拥而至,区块链技术自然也是如此。与区块链直接或间接有关的术语、名词,甚至一些从业者自造的"黑话"都演变成商标注册的热门标签。

体量不一的金融公司,互联网"大厂"如腾讯、百度、阿里,以及一些知名的终端制造厂商和硬件厂商都已注册了诸多与区块链有关的商标。截至 2018 年 9 月 11 日,与"区块链"有关的国内商标注册共计 382 件,特别是最为直接相关的"区块链"三个字已经在 2015—2016 年被全类注册,也就是说,除注册公司外,其他公司为自身公司、自身项目起名时,仅使用"区块链"三字,将侵犯商标持有人的权利。这一限制对于商标持有人而言,是巨大的赢利点。

面对这一情况,不少公司将区块链商标的注册策略调整为"区块链 +"的形式,即以"区块链"三字为主,自身产品为辅,结合后形成的名称作为商标注册名。如腾讯注册的"以太锁""腾讯以太锁",阿里旗下的蚂蚁金服推出区块链平台"蚂蚁区块链"申请的"蚂蚁链""蚂蚁区块链"商标,网易申请的"链书""比码""比玛"等商标。

由于商标抢注现象在我国频繁发生,许多公司通过在先权利注册自己的商标,以获取经济利益,因此,区块链的商标注册情况也反映了目前行业尚在发展,各方盘踞,许多企业皆有机会的现状。

(二)区块链商标注册的"下半场"

面对日益严峻的商标注册现状,后入者可采取相关措施消除对其他企业已注册商标的利益侵犯,并及时保护自身权益。

1.权利跟踪

对区块链相关商标的情况定期地查询,及时了解竞争对手申请注册的商标近况。若竞争对手申请注册的商标尚处于等待审查的阶段,则可通过异议方式阻碍其商标注册成功;若竞争对手已注册有区块链相关的商标,则可利用"商标连续三年不使用则撤销(撤三)"的原则终止竞争对手的商标权。

2.积极注册

对于企业自身而言,后来者也可加速超车。无论是金融企业还是科技研发型企业,都可通过积极注册与自身业务相关的区块链商标,以增加商标的"圈地量",如在"区块链"三字已被全类注册的情况下,可将区块链结合业务构造新的术语,创造新的领域。笔者"开脑洞",例如食品类企业可注册"好吃区块链""区块链食"等商标,既体现企业本身经营范围,也可搭上区块链快车,更重要的是,早入场早圈地,亡羊补牢,未为迟也。

四、区块链著作权的布局

(一)区块链的著作权登记

如笔者在上文所提及的,区块链技术的去中心化技术依托于软件实现，在专利保护中未体现的软件代码，可以通过著作权登记的方式获得保护。

计算机软件著作权登记是指根据《中华人民共和国著作权法》（以下简称《著作权法》）和《计算机软件保护条例》，由国家主管机关依职权对软件进行的著作权登记活动。区块链技术相关标的软件经过登记，可受到国家《著作权法》的保护。此外，区块链软件著作权登记证书可以作为提起诉讼、获得司法保护的初步证据。在发生与区块链技术有关的代码权属争议、软件著作权纠纷时，软件著作权登记证书是区块链代码著作权人主张权利的权属证据；同时，区块链软件著作权登记是软件作品作为技术出资入股的基本要求，《关于以高新技术成果出资入股若干问题的规定》规定计算机软件可以作为高新技术出资入股，但是一般都会要求利害关系人提供软件著作权登记证书作为评估依据。

（二）区块链著作权与区块链专利的区别

企业在研发完成区块链产品或区块链技术后，选择知识产权保护形式时，会对软件著作权及专利申请产生困惑，如两者是否都需要申请、申请的必要性等。简单来说，软件著作权是在软件创作完成时就产生的，通过软件著作权登记制度起到类似公证的效力。根据著作权登记制度，即便是不向版权局登记，企业也拥有该软件的著作权。

但如上文所说，著作权保护的对象是软件本身，保护的内容是软件内的代码，一旦竞争对手的软件开发人员研究企业的软件，并在理解软件运行的基础上重新编写软件,如使用不同的编程语言、软件逻辑、模型搭建等,将完全绕开企业的软件著作权,因为软件著作权的权利范围仅限于代码本身。对于软件著作权人的企业而言,研发的技术构思被竞争对手以另一种方式重新呈现,无论是在开发上还是在商业上都是巨大的损失。因此,需要通过专利保护的形式保护区块链技术的构思,这样一来无论竞争对手采用何种编程实现与企业构思相同的技术时,都可落入专利的保护范围内。

因此,软件著作权与专利在保护内容、权利范围、保护时限上皆有不同。总结来说,两者最大的区别在于,著作权保护实现(how),专利保护思想(what and how),著作权与专利的相辅相成可帮助企业在区块链技术上实现全面保护。

五、区块链的商业秘密布局

在通过诸如专利、著作权的方式对区块链技术进行保护时,不可避免地需要将技术资料公开,如专利需详细介绍实现流程及实现环境,著作权需详细介绍软件名称并提交源代码。对于企业而言,并非所有材料都可被大众所知。因此,针对需具备一定保密性的内容,可以通过商业秘密进行保护。

（一）商业秘密的概念

根据《中华人民共和国反不正当竞争法》（以下简称《反不正当竞争法》）的规定，商业秘密是指不为公众所知悉、能为权利人带来经济利益，具有实用性并经权利人采取保密措施的技术信息和经营信息。因此商业秘密包括两部分：技术信息和经营信息。即管理方法、产销策略、客户名单、货源情报等经营信息；生产配方、工艺流程、技术诀窍、设计图纸等技术信息。具体来说，包括公司自行开发的产品、配方、工艺程序、机器设备及其改进、研究与开发的文件、通信内容、公司内部文件、客户情报、财务和会计报表、诉讼情况、公司的规范和战略发展规划等。

可以说商业秘密存在于企业的各个环节，同时商业秘密在企业中是不断产生、不断消亡的，是一个动态的发展过程，其范围非常广泛。

（二）商业秘密与专利布局的区别

商业秘密与其他知识产权（专利权、商标权、著作权等）相比，有着以下特点。

非公知性：商业秘密的前提是不为相关公众所知悉，这是与其他知识产权最大的区别。

非排他性：商业秘密是一项相对的权利，任何其他人也可以通过研发的方式自行研发、总结出相同的商业秘密。商业秘密的权利人不能阻止在他之前或之后开发掌握该信息的人使用、转让或许可该信息。

利益相关：商业秘密的持有者能利用商业秘密获得现有或潜在的利益和竞争优势。

受保护期限：商业秘密没有法定的保护期。一项技术秘密可能由于权利人保密措施得当和技术本身的高应用价值而拥有很长的生命周期，可以远远超过专利技术受保护的期限。

保密措施：商业秘密在法律的构成要件中，非常关键的一点是企业是否采取了保密措施。保密措施的形式可以是多种多样的，如通过和员工签署保密协议的方式，对商业秘密采取物理隔绝的方式，对商业秘密的载体文件进行加密处理的方式，等等。而对其他知识产权而言，保密措施并非其构成权利的要件。

（三）商业秘密和专利保护的区别

越来越多的企业，对于不同的技术方案、产品或技术诀窍采取了不同的知识产权保护方式。比如针对直接通过观察就可以轻易获得的结构类产品，企业通常用专利的方式进行保护，其通过公开技术方案的代价来获得专利期限内的排他权利，如果针对该类产品采用商业秘密的保护形式，侵权方通过购买分析就可以直接获得技术或产品，属于其对该产品的反向工程，不属于侵犯商业秘密的行为。同理，商业模式也不宜采用商业秘密的方式进行保护。但根据 2017 年 4 月 1 日实施的《专利审查指南》中的规定,涉及商业模式的权利要求,如果既包含商业规则和方法的内容,又包含技术特征,则不应当依据《专利法》第二十五条排除其获得专利权的可能性。在这里,《专利审查指南》将商业模式有前提地纳入专利保护的权利要求中。如果将其落实到区块链产业中,可以理解为传统行业的应用加入了区块链技术,形成了一种新的商业模式,那这种新的商业模式已经可以在中国申请专利保护。

六、区块链在知识产权领域的应用

创新是现代企业发展的核心竞争力,相较于现在,过去传统企业的技术创新都是由企业的内部人员通过成年累月的经验积累完成的。该技术创新,由于是在企业内部产生,信息的流通有一定的封闭性,无形资产毫无争议是属于企业的,针对该创新的使用和保护具有可控性。但随着经济发展和行业分工的细化,仅靠企业内部创新的模式很难适应日新月异的技术更替,而增加研发人员的成本往往是高昂的,所以越来越多的企业选择向外寻求技术支持和解决方案。因此,为企业提供咨询、技术开发和维护的服务业迅速蓬勃地发展起来。

但这种新的开放式创新模式同样会带来新的问题,比如:(1)在技术转让交易中,需求方需要深入了解技术后才能评估该技术的价值,但如果是一些非公知技术的技术诀窍,在需求方得知方法后,很容易丧失价值,故提供技术研发的企业在对潜在买家披露技术时,往往通过签署保密协议或有限度地披露技术方案的方法来尽可能地防止技术的外泄,但有限

度的披露又和开放式创新的要求背道而驰；（2）对外有技术需求的企业希
望将技术的知识产权掌握在自己手中并可以自由使用和运营，而提供技
术研发的企业则希望可以获得更多的资源并能够及时地获得回报，如果
不能平衡双方之间的利益分配和知识产权归属问题，则容易打击创新者
的积极性；（3）不论是在技术许可还是在转让过程中，作为一般的商事主
体，供需双方需要签署合同来约定双方的权利义务，但是合同不可能罗列
并规定所有可能发生的事实问题，一些不可预料事件的发生，增加了交易
双方的障碍，如果这些事件得不到合理的解决，将会影响创新的效率。基
于以上的一些现实问题，在这个新的创新环境中，知识产权的权属和保护
面临着新的难题和挑战。

　　区块链技术的发展作为一种新的技术方案可以有效地解决新环境下
的知识产权保护问题。区块链因为其去中心化、不可篡改、分布式共享等
特点，在新环境下的知识产权体系中应用，在注册、维权、运营等环节均可
以发挥不可替代的作用。

（一）区块链在知识产权领域中的应用

1.注册审查

　　区块链技术去中心化的同时也分散了中心的工作量。对于知识产权
确权时的注册审查而言，原某一中心的所有审查工作可由区块链扩散至
多审查单元，每一审查单元的审查结果通知其他单元及中心后，将审查效

率在同一时间维度上以审查单元的数量为基准指数扩大,利用更少的时间完成更多的工作,为广大知识产权人及审查员节约时间。

在知识产权领域,专利和商标需要通过审查注册后才享有权利。因为该特性,目前区块链对专利和商标的应用相对比较少,时间戳只能起到辅助作用来确定时间节点,但是毫无疑问,区块链技术在不久的将来,会在专利和商标注册的流程和程序的简化上起到意想不到的作用。

2.保护著作权

著作权自作者创作完成作品之日起就产生,作者至国家版权中心进行的版权登记也仅仅是作为著作权权属的初步证据,而在区块链上上传作品并加盖时间戳,可以达到在版权中心登记同样的效果,同时,如果是在公链上上传的作品,任何人均可以通过获取区块链上的信息来查询作者,又因为区块链的不可篡改性,保证了该信息的真实性。

目前,著作权的区块链应用是知识产权领域发展得最为成熟的板块。2018 年 6 月 28 日,杭州互联网法院公开宣判了一起侵害作品信息网络传播权的案件,在该案中第一次对采用区块链技术存证的电子数据的法律效力予以确认。该案件中,原告通过"保全网"存证平台,自动抓取了侵权网页,对侵权网页的源代码进行了识别,并将这两项内容和调用日志等内容压缩包通过相应技术上传至 factom 区块链中,以此来证明被告在其运营的网站中发表了原告享有著作权的相关作品。在这份判决书中,杭州互联网法院通过对存证平台——保全网的资质审查,对侵权网页取证技术手段的可信度审查,对区块链证据完整性的审查三个层面对这份电子证据的证据效力做出了法律上的认定。其中,在区块链证据完整性审查中,法院从 factom 区块链中查询了该条交易存放的内容和生成时间来确定证据是否真实上传,法院将保全网上下载的网页截图、源代码和调用信息打包压缩文件进行哈希值(hash)计算,以该数值与原告所提交的区块链保存的电子数据哈希值是否一致来确定原告提交的证据为争议的电子数据。毫无疑问,区块链在著作权存证的应用中将发挥更大的作用。

3.商标使用证明

根据《中华人民共和国商标法》(以下简称《商标法》)的规定,商标权利的取得是自愿注册,通过国家商标局的核准注册后才获得商标权。虽然我国采取的并不是在先使用制,但是商标的在先使用证据在商标注册和维护的各个过程中均有体现。比如,《商标法》第三十一条规定,两个或者两个以上的商标注册申请人,在同一种商品或者类似商品上,以相同或者近似的商标申请注册的,初步审定并公告申请在先的商标;同一天申请的,初步审定并公告使用在先的商标,驳回其他人的申请,不予公告。从中可以得出,针对同一天申请的商标,商标局会给提供在先使用证据的申请方公告其申请商标。第三十二条规定,申请商标注册不得损害他人现有的在先权利,也不得以不正当手段抢先注册他人已经使用并有一定影响的商标。该条款是在商标领域提起商标异议或无效时经常使用的一个条款,很多企业在使用商标时,并没有意识到需要对其进行注册而获得保护,等到权益受到侵害时,才意识到自身没有相应的权利可以主张,这时候如果想再注册同类别商标,可能面临商标被他人抢注的情况。针对该情况,《商标法》开了一个口子,针对在先使用并有一定影响力的商标,可以通过提供其在先使用证据及该使用行为已经形成一定影响力的证据来制止不法分子的侵权行为。但现实中,很多企业对其商标的使用证据的保存也是不足的。

在驰名商标认定的过程中,根据《驰名商标认定和保护规定》的要求,申请方需要提交的材料就包括:(1)证明相关公众对该商标知晓程度的有关材料;(2)证明该商标使用持续时间的有关材料,包括该商标使用、注册的历史和范围的有关材料;(3)证明该商标的任何宣传工作的持续时间、程度和地理范围的有关材料,包括广告宣传和促销活动的方式、地域范围、宣传媒体的种类以及广告投放量等有关材料;(4)证明该商标作为驰名商标受保护记录的有关材料,包括该商标曾在中国或者其他国家和地区作为驰名商标受保护的有关材料;(5)证明该商标驰名的其他证据材料,包括使用该商标的主要商品近三年的产量、销售量、销售收入、利税、销售区域等有关材料。从以上内容看,不难发现,商标使用的证据、宣传工作中的证据、产品本身的销售数据等均是认定驰名商标的重要证据。

如果将区块链技术嵌入到企业产品正常流转过程中,可以通过区块链记录商标附随产品在整个流通环节的使用情况,包括产品出厂时商标的粘贴行为、企业针对产品宣传中不可避免地展示商标的行为、企业销售产品时产品附随商标的行为等,均可以作为企业商标使用的具体证据。同时,企业经营的财务数据,也可以记录在区块链中,作为认定驰名商标的关键证据。

4.产权流程透明化

区块链技术以时间戳为连接基础,通过标记每一区块及区块链上的变化,从而方便知识产权的创造者或使用者检索查阅。比如在著作权登记阶段,任何人可以通过查询区块链信息来了解作品的作者及创作时间;在知识产权交易阶段,将知识产权交易的中间流程可视化,可避免重复授权、定价模糊、交易欺诈等行为。

5.简化知识产权的许可流程

传统的知识产权许可交易大部分是线下的,有技术需求的一方寻找到合适的技术权利方的成本较高,存在信息不对等的情况,即使在寻找到适合的权利方后,也会面临一对一沟通谈判等问题。而且在娱乐产业中,一个大的 IP 权利方,目前的做法是将著作权尽可能地细分,通过权利的种类、许可的地域、类型、方式等因素,划分出不同的许可费用。从寻找权利方、谈判协商、签署协议到最后履行整个流程,所要耗费的时间成本是巨大的。

区块链智能合约的应用,可以大大缩短该时间成本。在相关平台上,权利方将自身可以许可的权利类型一一罗列,将地域、方式、费用等因素进行明码标价,就像提供一个菜单,需求方可以根据自身需求,将需求进行搭配组合。而智能合约在创立之初就已经将具体执行条款通过代码的形式编入程序,需求方选择好参数后,智能合约会自动执行条款,为双方节省了洽谈、沟通、协商的时间。同时,通过利益分配的自动执行,也解决了被许可方延迟支付、不予支付的情况。

6.商业秘密的管理和使用

保密信息的管理和使用一直是高新企业不断面临的棘手问题,特别是员工跳槽带走企业商业秘密的情况,往往给企业带来致命的打击。区块链技术在其中可以发挥什么样的作用呢?首先,将企业的商业秘密上链,可以快速定位查询过商业秘密的人员,得知其在何时查询了什么内容,以及是否有复制行为,复制了多少内容,以便企业迅速了解自身商业秘密的泄露情况,针对该情况做出合理的补救措施;同时,该信息也可以作为商业秘密诉讼案件中侵权方侵权的证据。其次,企业之间的合作,有时候需要透露某一方的商业秘密,而双方将保密协议上链,可以方便企业内部人员迅速查询保密协议是否签署,保密协议的内容是什么,加快企业内部处理日常事务的效率。

7.加强知识产权的可追踪性

在知识产权领域,仿冒产品一直让权利人深恶痛绝。防伪标签是目前权利人较常采取的鉴别产品真伪的方法之一,但也出现侵权人将防伪标签一起仿冒的情况,让权利人防不胜防。将区块链技术引入防伪领域,会带来什么不一样的效果呢?以茅台酒为例,原材料采购—酿酒—取酒—勾兑—分装等一系列过程的信息(包括所耗费时间、参与人员、地点等可溯源信息)的上链,使消费者可以在链上查询某瓶茅台酒从生产到销售每个阶段的信息,从而相互印证,达到防伪的目的。虽然,目前阶段防伪应用的落地还涉及与物联网结合的问题,比如如何确保采购人员录入的信息是正确的,没有经过任何篡改。但是不可否认的是,区块链技术为信息的可追踪性提供了一种新的可能。

在知识产权领域中引入区块链技术,对于全世界数百万知识创造者而言,将打破原有的网络阻隔、信息共享障碍以及使用环境差异,为知识产权的形成、注册、许可、使用、维权等各个阶段提供强有力的工具,甚至可取消原第三方信托的监管。更有利的是,区块链技术帮助知识创造者在合作创新中将创意分散得更快更广,以创造更多的收入。

(二)智能合约在知识产权领域的应用

1. 什么是智能合约

智能合约这个概念是由密码学家尼克萨博首次提出的,他将合同中的法律条文用计算机代码的形式编写出来,以计算机语言来完成合同履行过程中的执行问题。举个例子,在上海的地铁站里,有一种自助照相馆,可以拍摄各类规格的证件照和签证照。买方只需选定规格、张数,按照要求支付费用,就可以自助进行拍摄,等买方拍摄出满意的照片后,直接打印即可。由此可见,买方和自助照相馆的所有者,也就是卖方,形成了一个自动执行的合约。卖方事先将所有的条件输入到自助拍照机中,同时将选择—付费—拍照—打印的流程设定好,买方只需选择接受并按照设定好的流程进行,就可以高效地完成拍摄。这其中省略了预约和等待的过程,节约了协商、谈判的时间成本;同时不需要专业的拍摄人员来拍照,降低了人工成本,是智能合约的一个现实运用。

智能合约与区块链的结合,最早开始于区块链上比特币的交易,其实质是存储于区块链上的一组编码,这组编码可以读取和编写区块链中的数据,从而自动执行已编写为计算机语言的合约内容。智能合约无须第三方介入,其在最初的时候,就已经通过代码设定好执行方式和结果,类似于附条件合同,只要条件成立,就立即执行结果,无须任何一方确认。

2. 智能合约的特点

因为程序设定的自动执行,故智能合约最显著的特点就是自助可执行性。由于智能合约的自助可执行性,它无须法院、仲裁机构这类的中立机构通过裁决来督促一方执行,时效性较高。还有值得关注的一点,因为合约自动执行,解决了不同国度之间语言转换的问题,也解决了不同法域之间的法律适用问题,极大地方便了跨境交易。可以简单地理解为,卖方将所有的要求和条件罗列清楚,作为买方,如果选择接受该条件,则必须完全按照事先设定的流程进行,以达到高效的目的。

3.智能合约的问题

目前,智能合约是以代码的形式输入到计算机中,但对于可供人阅读的文字版本的合同,却并没有出现在区块链的区块信息中。也就是说,智能合约创始者,只录入了计算机能读懂的语言,并没有展示可供人阅读的合同条款。这就产生了一个问题,后续加入智能合约的参与者,可能无法通过代码来知晓合约的具体内容,不利于其更好地参与整个合作过程。

智能合约目前涉及的是关于利益分配和执行的问题,这只是一般法律合同中的一部分问题,如果在一个多方的合作关系中,可能涉及的事务会复杂得多,会出现各种各样的情况影响合同的执行。在这个过程中,如果严格按照智能合约的条件执行,可能会出现不公平的结果。比如,在智能合约中约定,在买方收到货物时,卖方将直接收到从买方银行账户上自动划转的货款,但如果买方收到的货物是有瑕疵的,或者质量是有问题的,直接扣款会给买方带来经济损失。而且,在目前的智能合约中,对于纠纷的解决方式并没有涉及,比如对纠纷的管辖,是去法院起诉还是到仲裁机构仲裁,这些约定都是不明确的。如果真的出现这些问题,受损方无法提供一个符合现行法律要求的合同证据,证明存在合作关系,因为法官无法直接从代码得知具体的合同条款,如何将代码转换成法官认可的合同,是纠纷中面临的第一个问题。同时,即使转化成常人可以阅读的文字版本的合同,受损方也将面临如何证明该文字版合同就是当时双方认可的代码合同的问题,这其中可能需要借助专业的鉴定机构和专家。

在代码版智能合同中,并没有涉及管辖的问题,如果是跨境贸易,双方可能会各自到有利于自身的管辖法院或仲裁机构提出主张。同时,不同法域的审理机构适用的法律、使用的语言和规则也不相同,如果在智能合约中不涉及管辖,会出现争议双方各执一词的情况。所以,目前智能合约在现实中的落地是针对一对一合同关系而非一对多的合同关系,涉及的产品是简单的标准化产品,流程也是相对明确。

在正常的商务合作过程中,合作双方会通过签署补充协议来对原协议不足的地方或新产生的问题进行合议。而在智能合约中,合约的创始人设计了智能合约的条款,也许可以通过之后对代码的修改来达到调整原合约的目的。但是,在这个过程中,合约的另一方是无法修改或变更条款的,其只能选择接受或不接受,并没有协商的权利。

4.智能合约与知识产权

智能合约在知识产权领域的应用,主要解决了在使用、许可和交易中利益分配的问题。目前,已建有微电影区块链交易平台,该平台的使用人群为微电影、微视频的著作权人和观看电影、视频的付费用户。传统的视频平台,例如优酷、爱奇艺等,是平台向著作权人购买著作权,将已购买著作权的作品放到平台上供付费用户选择观看,付费用户的支付方式和价格均由平台决定,所以平台扮演一种分销商的角色,平台会从中获利并且对大量的版权作品具有可支配权。而加入智能合约后的平台,更像是一个已经被输入命令的计算机,它直接执行命令,对作品的著作权不享有可使用的权利。著作权还是掌握在作者手中,作者需要将作品上传至平台,同时按照要求填写好作品的相关信息,以及关于该作品的定价分销方式,通过将这些要求转换成执行代码形成智能合约,由平台实现自动结算分配的效果。付费用户在点击收看作品时,平台将根据智能合约自助结算并将费用按照作者事前自行决定的价格支付给作者。每一笔智能合约的生成、交易和结算,均记录在区块链中,可以供作者和付费用户自行查看,记录不可篡改,让参与者能完整地了解自身的付出和获利。

同样的,这样的场景还可以适用到音乐作品、文字作品、有声作品等各种形式作品的传播和分销。该模式的出现,对于传统平台的冲击是巨大的,因为传统平台的优势就是分销渠道。平台扮演经销商的角色,在弱势的作者面前,可以通过其强势地位以低于市场价的价格获得作品著作权的使用权,再通过平台效应将取得的权利进行细分分销给用户,从中赚取差价。而智能合约区块链产生的新模式中,平台扮演的已经不是传统模式下的渠道经销商的角色。在新平台上,作者是直面用户的,没有分销商在中间赚取差价。同时,作者完全可以按照市场价格对其作品进行定价,根据市场反应进行调整,这种主动权的变更将大大地激发作者创作的动力,从而刺激产业的良性发展。

第三章

企业经营中的民事法律风险

随着区块链技术在全球范围内的不断传播和发展,国内对于区块链技术的探索也在热火朝天地进行着,计算机、互联网、金融乃至制造业等传统行业的企业纷纷加入到区块链领域中来,积极投入区块链技术的研发和应用。但由于当前国内区块链相关法律制度缺失、政府监管机制不健全、区块链技术本身尚处于探索阶段等原因,企业在经营区块链业务时面临着多重法律风险。以下将结合相关案例,针对企业经营过程中的民事法律风险进行分析和探讨,以期为企业合理规避区块链相关业务的经营风险提供可行的思路和参考。

一、矿机出售、出租业务合法性风险

（一）案例介绍

 案例 1

内江市东兴区人民法院
（2017）川 1011 民初 2958 号买卖合同纠纷案

【基本案情】

原告与被告于 2016 年 6 月 18 日达成转让协议,约定被告将其所有的矿机和基金币转让给原告,转让金额为 55000 元,并载明如一方违约,应按转让金额的双倍赔偿。协议达成后，原告于当天通过银行转账向被告支付 55000 元，后被告将自己的账号、密码、手机号等信息通过网上审批程序变更为原告的账号、密码、手机号等，并将该账号、密码等交给原告。但原告认为被告未履行约定，要求被告退还转让价款并按协议赔偿55000 元。

【法院观点】

根据中国人民银行、工业和信息化部、中国银行业监督管理委员会、中国证券监督管理委员会、中国保险监督管理委员会联合发布的《关于防范比特币风险的通知》（银发〔2013〕289 号）第一条的规定，比特币不是由货币当局发行且不具有货币属性，因此比特币并非真正意义上的货币。从性质上看，比特币应当是一种虚拟商品，在法律地位上不等同于货币，不能且不应当作为货币在市场上流通和使用，普通民众在自担风险的前提下拥有参与其交易的自由。

《关于防范比特币风险的通知》（银发〔2013〕289 号）

第一条：正确认识比特币的属性。比特币具有没有集中发行方、总量有限、使用不受地域限制和匿名性等四个主要特点。虽然比特币被称为"货币"，但由于其不是由货币当局发行，不具有法偿性与强制性等货币属性,并不是真正意义的货币。从性质上看,比特币应当是一种特定的虚拟商品,不具有与货币等同的法律地位,不能且不应作为货币在市场上流通使用。

第五条:加强对社会公众货币知识的教育及投资风险提示。各部门和金融机构、支付机构在日常工作中应当正确使用货币概念,注重加强对社会公众货币知识的教育,将正确认识货币、正确看待虚拟商品和虚拟货币、理性投资、合理控制投资风险、维护自身财产安全等观念纳入金融知识普及活动的内容,引导社会公众树立正确的货币观念和投资理念。

根据中国人民银行、中央网信办、工业和信息化部、国家工商行政管理总局、中国银行业监督管理委员会、中国证券监督管理委员会和中国保险监督管理委员会联合发布的《关于防范代币发行融资风险的公告》第一条规定,代币发行和融资实质上属于未经批准非法公开融资的行为,涉嫌多种违法犯罪活动。代币发行融资中使用的代币或"虚拟货币"不是由货币当局发行,不具有货币属性,不具有与货币等同的法律地位,因此该种代币或"虚拟货币"不能且不应作为货币在市场上流通使用。

《关于防范代币发行融资风险的公告》

第一条：准确认识代币发行融资活动的本质属性。代币发行融资是指融资主体通过代币的违规发售、流通，向投资者筹集比特币、以太币等所谓"虚拟货币"，本质上是一种未经批准非法公开融资的行为，涉嫌非法发售代币票券、非法发行证券以及非法集资、金融诈骗、传销等违法犯罪活动。有关部门将密切监测有关动态，加强与司法部门和地方政府的工作协同，按照现行工作机制，严格执法，坚决治理市场乱象。发现涉嫌犯罪问题，将移送司法机关。代币发行融资中使用的代币或"虚拟货币"不由货币当局发行，不具有法偿性与强制性等货币属性，不具有与货币等同的法律地位，不能也不应作为货币在市场上流通使用。

本案中所称的虚拟矿机及其生产的基金币，实质上均是虚拟商品，二者与比特币等"虚拟货币"性质相同，在我国也不受法律保护。因此，对于虚拟矿机及其基金币这种不合法的物，其交易行为在我国不受法律保护，已完成代币（包括各种发行融资中使用的"虚拟货币"）发行融资的组织和个人应当做出清退等安排。因此，原被告签订的转让协议，因标的物不合法，其交易行为在我国不受法律保护，转让协议因损害社会公共利益（即公序良俗)而无效,因此合同取得的财产应予以返还。

案例 2

上海市崇明区人民法院
(2014)崇民一(民)初字第 6396 号买卖合同纠纷案

【基本案情】

原告于 2013 年 12 月 3 日通过网络向被告订购海王星首批比特币挖矿机一台,并向被告支付货款共计 72750 元。2013 年 12 月 5 日,被告通过 QQ 邮箱将付款确认函发送给原告,确认其已收到货款 72750 元,并告知原告其订单编号、客户 ID 及发货时间等信息。据快递运单记载,2014 年 6 月 26 日该挖矿机从瑞典发出,2014 年 7 月 17 日被告收件后通过顺丰速运向原告寄出。另被告分别于 2014 年 7 月 1 日、17 日向原告发送邮件告知两段发货信息,以及国内顺丰包裹单号。该挖矿机经快递送到后,原告进行了拆件验货,发现包裹内仅有产品一台,没有发票、质保卡、说明书等材料,为此,原告拒收货物,要求作退货处理。其后,双方经过多次沟通,对退货或重新送货事宜未达成一致意见,原告以被告出售的产品不符合我国相关法律规定,且被告在交易过程中存在欺诈为由,要求解除原购买合同,并要求被告按照《中华人民共和国消费者权益保护法》(以下简称

《消费者权益保护法》)的相关规定退一赔三。

【法院观点】

法院认为,合同签署双方应当遵循诚实信用原则,按照双方约定全面履行合同的各项义务。

本案中,原被告双方虽未签订书面买卖合同,但根据双方提供的相关证据材料及陈述,原被告间的买卖合同已经成立,且原告已经履行了其主合同义务即给付货款,因此被告应该按照双方约定全面履行交货义务。

针对原告提出的退货理由,法院作出如下认定:

第一,关于产品发票和说明书,法院认为本案买卖关系是通过电子网络这一特殊形式建立,原被告双方对产品发票和说明书的送达方式没有特别约定,被告公司确实可以提供该两份材料,其提供方式也不违背法律的相关规定,故不能作为要求退货的理由。

第二,关于逾期发货问题,被告于第二季度后两次邮件告知原告发货情况,原告均未表示拒绝,且产品邮寄送达后,原告进行了拆件验货,从原告向被告发送的邮件中也反映出其退货理由是产品不完整,故原告以其行为表示接受了被告发出的货物,基于诚信原则,现其不能再以此为由要求退货。

第三,关于产品质保书和质量检验说明,法院认为,出卖人应当根据相关法律规定按照双方约定或交易习惯将有关单证和资料交付给买受人,包括保修单、普通发票、产品合格证、质量保证书、质量鉴定书等,若出卖人未履行该从给付义务,致使买受人不能实现合同目的,买受人可以主张解除合同。产品质量检验证明是买受人清楚知悉所购商品情况、正常安全使用产品的保障,且根据我国产品质量法的相关规定,产品应当有产品质量检验合格证明,被告公司作为产品销售者应当执行进货检查验收,验明产品的合格证及其标识。现被告未能提供验明产品质量合格的证明,影响了原告作为消费者知悉产品质量的权利,且经过原告多次联系并提出相关异议,被告均未提供相应的质量检验证明,故原告据此要求解除合同的请求于法有据,被告依法应当返还原告给付的全部货款。

《中华人民共和国合同法》(以下简称《合同法》)第一百三十六条:出卖人应当按照约定或者交易习惯向买受人交付提取标的物单证以外的有关单证和资料。

第四,关于要求被告赔偿三倍货款的请求,因原告未提供相关证据证明被告在本案买卖过程中存在欺诈行为,故对原告该项诉请法院不予支持。

案例 3

石家庄市桥东区人民法院
(2014)东民二初三字第 00005 号买卖合同纠纷案

【基本案情】

原被告双方于 2013 年 12 月 6 日签订了《产品订购合同》,合同约定原告向被告购买 5 台比特币矿机,总价款 80500 元,10 日内交货。原告于当天通过银行自动柜员机转账向被告支付 30500 元(原告主张其中16100 元为定金),被告未给付定金收据。2013 年 12 月 16 日,被告因产品质量有问题无法交货,原告未支付余款。后原告诉至法院,要求解除原被告之间签订的《产品订购合同》,同时要求被告向原告双倍返还定金32200 元,并返还预付款 14400 元。

【法院观点】

法院认为,原告与被告签订的《产品订购合同》系双方当事人真实意思表示,且符合有关法律规定,合法有效,应受法律保护。合同签订后,被告应按合同约定的质量和数量标准向原告交付货物,原告因产品存在质量问题未按合同约定支付余款,是正当行使抗辩权。被告因产品有质量问题未能在合理期限内发货,被告的行为构成根本违约,故原告要求解除合同的诉讼请求符合法律规定,法院予以支持。

关于定金问题,法院认为因定金系实践性合同,应有原被告双方的明确约定及实际交付,双方合同约定原告向被告支付 BTC 定金,如没有 BTC,跟财务部联系。该约定仅是约定了支付定金的形式,并没有约定定金的具体数额,且原告以银行自动柜员机转账的方式支付了 30500 元,原被告双方亦没有明确该笔款项的定金性质,故原告要求被告双倍返还定金 32200 元的诉讼请求不予支持。

 案例 4

沈阳市铁西区人民法院

(2016)辽 0106 民初 5131 号合同纠纷案

【基本案情】

2014 年 7 月 15 日,原被告签订《钻石一号矿机销售返租协议书》,约定被告向原告销售 5 台比特币矿机钻石一号,总价值为 10 万元人民币。原告将购买的 5 台钻石一号矿机返租给被告进行经营管理,租金为每个工作日 0.5 比特币,返租期限 18 个月。租金的支付方式为被告按照国内外各平台的比特币的加权平均价格,兑换成人民币付给原告。但被告并未按照合同约定向原告支付租金,至合同到期日,被告仅向原告支付了 2014 年 7 月 15 日至 2014 年 9 月 26 日期间的租金,其余租金并未支付。现被告尚欠原告 123.5 比特币,合计人民币 328905 元。原告请求法院判决销售返租协议合法有效,并判令被告向原告支付租金人民币 328905 元及逾期利息。

【法院观点】

法院认为,依法成立的合同对当事人具有法律约束力并受我国法律保护,当事人应当按照合同约定全面履行自己的义务,不得擅自变更或者解除合同。

《合同法》第八条:依法成立的合同,对当事人具有法律约束力。当事人应当按照约定履行自己的义务,不得擅自变更或者解除合同。依法成立的合同,受法律保护。

本案原告和被告签订《钻石一号矿机销售返租协议书》,约定被告向原告销售比特币矿机钻石一号,原告将该机返租给被告,并由被告支付租金。现被告未按期向原告支付租金,原告要求被告给付自 2014 年 9 月 27 日至 2016 年 1 月 14 日(共计 325 个工作日)租金人民币 328905 元及逾期利息,符合法律规定。

案例 5

广州市越秀区人民法院
（2018）粤 0104 民初 5536 号买卖合同纠纷案

【基本案情】

2018 年 1 月 22 日，原被告通过微信达成原告向被告购买"蚂蚁矿机 S9"300 台的协议，并约定每台单价为人民币 18750 元，定金 600000 元，余款在 2018 年 1 月 29 日付清，货物交付日期为 2018 年 3 月 10 日。原告于当日和次日向被告共交付定金 60 万元，2018 年 1 月 30 日原告仍未向被告支付购机余款。2018 年 1 月 31 日，被告通过微信告知原告因其未按时付款，现在必须按市场价格来确定双方的交易价格，并应原告要求发送微信电脑版采购合同，但双方未就采购价格达成一致，未签订合同。2018 年 2 月 3 日上午，被告通过微信告知原告现有一批 3 月份海外版期货，价格为每台 18300 元，被告可提供蚂蚁大陆官方海外版的账号和密码，付款时间截止到当晚 10 点。被告表示可协助原告直接向蚂蚁大陆官网完成该笔付款。

后原告在对被告提出的方案未作任何回应的情况下，于 2018 年 2 月 3 日中午，微信通知被告解除合同。原告认为被告已构成严重违约，要求其双倍返还定金 1200000 元。

【法院观点】

法院认为:1.是否签订合同问题。原被告在 2018 年 1 月 22 日通过微信联系确定原告向被告购买"蚂蚁矿机 S9"300 台,每台单价为 18750 元,总货款为 5625000 元,定金 60 万元,余款在 2018 年 1 月 29 日付清,货物交付日期为 2018 年 3 月 10 日的内容,已含货物的名称、数量、价格、款物的交付时间等,已具备成立合同的基本内容,且在微信中确定上述内容以微信聊天记录的形式有形地表现所载内容性质,故依据《合同法》第十条、第十一条和第十二条规定,可认定原被告在 2018 年 1 月 22 日就买卖"蚂蚁矿机 S9"签订了上述内容的买卖合同。因上述合同是双方自愿签订的,且没有违反法律、法规的强制性规定,故是合法、有效的合同,该合同对双方均有约束力。

2.上述合同的履行问题。据原被告签订上述合同的约定,原告负有于 2018 年 1 月 29 日支付余款 5025000 元的义务,被告负有在 2018 年 3 月 10 日交付 300 台"蚂蚁矿机 S9"给原告的义务。原告至 2018 年 1 月 29 日仍未向被告支付余款已属违约。根据被告于 2018 年 2 月 3 日与原告的微信联系中表述"如果海外付款,你们没有办法,我们可以协助你们完成今天这笔付款;这一批货你们可以直接付款给蚂蚁大陆的官网",可认定被告在该方案中并非要求原告必须直接向蚂蚁大陆的官网付款,只是提供多一种付款方式给原告选择,故对原告主张被告该日提出的方案改变了给付对象和给付方式,不予接纳。

3.合同解除的归责问题。虽然被告在原告违约未支付余款后的2018年1月31日,曾向原告提出以高于合同约定的价格进行交易,但原告是在被告于2018年2月3日提出新的交易方案后才提出解除合同的,故合同的解除不能归责于2018年1月31日的方案。而被告于2018年2月3日提出的方案,不但没有改变款项的给付方式、给付对象,且价格低于合同约定的价格,即使交付货物的时间可能稍迟于合同约定的时间,也因原告违约未付款在先,而相应推延交货时间,亦属合理范围。原告在被告于2018年2月3日提出方案后,以被告单方提高交易价格,拒不履行原协议为由提出解除合同,没有事实依据,故原告以上述理由明确表示解除合同,且此后至今未支付余款,已属根本违约。因此,根据定金罚则原告无权要求被告返还定金,故对原告要求被告双倍返还定金的诉讼请求,法院不予支持。

《合同法》第一百一十五条:当事人可以依照《中华人民共和国担保法》约定一方向对方给付定金作为债权的担保。债务人履行债务后,定金应当抵作价款或者收回。给付定金的一方不履行约定的债务的,无权要求返还定金;收受定金的一方不履行约定的债务的,应当双倍返还定金。

案例 6

杭州互联网法院
(2018)浙 0192 民初 2641 号网络购物合同纠纷案①

【基本案情】

原告于 2018 年 1 月 4 日在被告网站上预购 20 台翼比特 E10.18T 比特币矿机(订单总额:612000 元;约定发货时间:2018 年 3 月 31 日;配送方式:顺丰速运),并于次日向被告预付全部货款。被告确认收款后,向原告说明需签订书面合同方能发货。合同签署前,原告得知多部门联合发布的《关于防范代币发行融资风险的公告》要求停止代币发行融资活动,主张涉案矿机已不具备使用价值、涉案交易涉嫌违法,且书面合同迟迟未签订、矿机也未发货,故提出退款申请,但被告拒绝退款。后被告通过顺丰速运向原告发送全部货物,但原告拒收。原告第二次提出的退款申请仍被被告拒绝,后被告向原告寄送《通知函》告知原告承担货物毁损、灭失风险及取货期限。

---

① 本案判决在 2018 年 8 月笔者检索时尚未生效。

【法院观点】

关于合同成立问题,法院认为,本案中原被告通过互联网订立的矿机买卖合同属于双方真实意思表示,应认定为合同已依法成立。

关于合同效力问题,法院认为,比特币系在网络环境中产生的虚拟物品,目前我国法律法规尚未对其属性予以明确规范。《关于防范代币发行融资风险的公告》实质上否定了比特币的货币属性和法定货币地位,但矿工的挖矿行为类似劳动生产行为,因此根据劳动价值理论比特币应具有商品属性,故不能否认比特币可作为一种商品被买受人依法使用货币购买的合法性。因此,涉案矿机本身具有财产属性,我国目前的法律法规并未禁止比特币及比特币矿机的生产、持有和合法流转。据此,法院认定涉案合同成立且有效。

关于合同解除问题,法院认为本案不存在《合同法》第九十四条第(二)至(三)款规定情形。

《合同法》第九十四条:有下列情形之一的,当事人可以解除合同:(一)因不可抗力致使不能实现合同目的;(二)在履行期限届满之前,当事人一方明确表示或者以自己的行为表明不履行主要债务;(三)当事人一方迟延履行主要债务,经催告后在合理期限内仍未履行;(四)当事人一方迟延履行债务或

者有其他违约行为致使不能实现合同目的;(五)法律规定的
其他情形。

针对原告主张是否符合因不可抗力致使不能实现合同目的情形,法
院认为上述公告发布早于涉案合同签订,故不属于不可抗力事件。针对
原告能否根据《网络交易管理办法》规定主张收货后七天内无理由退货,
法院认为七天内无理由退货制度的设立主要是为了解决消费者在网络交
易领域的商品信息不对称问题,而原告系基于国家政策主张解除合同,不
应适用该项制度。

《网络交易管理办法》第十六条:网络商品经营者销售商品,
消费者有权自收到商品之日起七日内退货,且无需说明理由,但
下列商品除外:(一)消费者定作的;(二)鲜活易腐的;(三)在线
下载或者消费者拆封的音像制品、计算机软件等数字化商品;
(四)交付的报纸、期刊。除前款所列商品外,其他根据商品性质
并经消费者在购买时确认不宜退货的商品,不适用无理由退货。

另一方面,原告购买涉案矿机系用于生产比特币,不属于《消费者权
益保护法》规定的生活消费范畴,故不属于《消费者权益保护法》以及基于

该法制定的《网络交易管理办法》保护范畴。据此,原告主张单方解除合同法院不予支持。

《消费者权益保护法》第二条:消费者为生活消费需要购买、使用商品或者接受服务,其权益受本法保护;本法未作规定的,受其他有关法律、法规保护。

(二)案例分析及提示

1.合同有效性风险

从上述案例可知,各地法院对矿机及虚拟货币的态度并不一致。案例1中,法院认为矿机及其生产的虚拟币与比特币等虚拟货币性质相同,属于不受我国法律保护的虚拟商品,故矿机交易行为也无法受到我国法律的保护,进而认定当事人之间签订的买卖合同无效。而其他案例中,法院肯定了矿机及其交易行为的合法性,认为当事人之间签订的矿机买卖或租赁合同如属于当事人真实意思表示,且符合有关法律规定,应为合法有效并应受我国法律的保护,当事人应当按照合同约定全面履行合同义务,未经另一方当事人同意或依据法律法规规定不得单方变更或者解除合同。

据此,从促成和保护市场交易的角度而言,企业在签定矿机买卖、租赁合同时应尽量选择对矿机及虚拟货币持肯定态度的人民法院作为管辖法院,或者约定仲裁作为争端解决方式。

另外从中国人民银行、工业和信息化部、中国银行业监督管理委员会等发布的《关于防范比特币风险的通知》和中国人民银行、中央网信办、工业和信息化部等发布的《关于防范代币发行融资风险的公告》的规定来看,其否定的是虚拟货币的"货币"属性,禁止虚拟货币作为货币在市场上流通使用,但未否定虚拟货币作为商品和财产的合法性,因此如将矿机和虚拟货币一概认定为不合法的物,笔者认为有失妥当。经查,除上述案例外,目前已有法院判决盗窃虚拟货币挖矿机构成盗窃罪,也肯定了矿机作为物受到法律保护。因此,笔者相信随着区块链及相关法律法规的进一步发展和完善,各地对于矿机及虚拟货币的态度将逐渐趋于一致。

2.合同制定和执行风险

首先,建议在买卖、出租矿机时尽量采用书面合同形式,以便于确定合同双方的权利义务关系。但考虑到当前互联网和电子商务的发展和推广,实践中不可避免存在不少通过网购方式而建立的买卖关系。笔者认为不论采取以上何种方式,建议企业在进行矿机出售、出租等交易行为时应在书面合同或网络购物平台上明确交易方式、结算方式、定金性质、产品发票和说明书的提供方式、依法不适用七天内无理由退货制度的情形等内容，以尽量避免因约定不明而致使合同双方产生纠纷。

其次，企业在经营矿机出售、出租业务过程中，应妥善留存和保管各项交易记录，包括邮件往来、微信等聊天记录、通话录音、支付凭证，等等。

3.产品责任风险

企业在出售矿机时还应遵循《中华人民共和国产品质量法》（以下简称《产品质量法》）等相关规定，为其所出售的产品质量承担法律责任。值得注意的是，此种责任不仅仅针对产品本身，还包括其所延伸出来的提供有关单证、资料（包括《产品质量法》第二十七条规定的产品质量检验合格证明、中文标识以及根据双方约定或交易习惯应向买受人交付的保修单、发票、质量保证书等），建立并执行进货查验制度（《产品质量法》第三十三条）等从义务。

另外，矿机生产企业还应为产品质量制定企业标准，由于目前矿机生产并无国家标准或者行业标准，企业应根据《中华人民共和国标准化法实施条例》第十七条自行制定企业产品质量标准并按省、自治区、直辖市人民政府的规定备案。

二、矿机出售虚假宣传法律风险

 案例

比特大陆蚂蚁 B3 矿机维权案

【基本案情】

2018 年 4 月 25 日,比特大陆蚂蚁矿机官网开售其新产品蚂蚁矿机 B3(定价:17000 元)。此款矿机专门用以挖掘比原链(BTM)中的比原币,备受市场关注,首批 2500 台矿机瞬间售罄且每位用户需在官网下单购买(限购 1 台)。B3 矿机将直接以现货形式在 2018 年 5 月 1 日至 10 日发售。该款矿机发售前,有分析认为其对于比原链中比原币的获取有重大突破,同时有助于推动 ASIC 芯片的深度研究,且比原链中的算法技术更利于该款矿机的挖矿效益,进而将对人工智能和区块链领域产生较大影响。

比特大陆和比原链于 2018 年 4 月 25 日晚的联合直播中宣称:第一批购买蚂蚁矿机 B3 的矿工,每天能够挖掘 47～48 个比原币,按照当时比原币的币价和功耗电费,一天大概能赚 285 元,由此算得的回本周期约为

2个月;蚂蚁矿机B3的额定算力在780H/s,远高于普通显卡矿机和多显卡矿机的算力。

但很多矿工发现蚂蚁矿机B3的实际平均算力只有500H/s,甚至低于低端显卡的算力,且每日挖币数量远低于直播所宣称的数量。因此矿工们认为矿机质量明显有不合格之处。而且比特大陆官方在很多矿工还未收到第一批矿机时突然紧急发售第二批矿机并降价6000元。同时矿工们发现在蚂蚁矿机B3尚未发货时比原链已经出现小规模开挖,而此种操作对于购买矿机的矿工来说极为不利,其大幅提高了挖币难度与挖币成本。随后又出现显卡挖矿软件大规模挖矿情况。经研究发现,6张1050显卡算力已高于蚂蚁矿机B3的算力,但显卡矿机整机售价仅为6000元,和宣传时的说法不符,因此矿工们认为蚂蚁矿机官方存在虚假宣传并诱导消费者购买的情形。

2018年5月19日晚,蚂蚁矿机官网放出了两个B3矿机的升级固件,算力虽有提升,但是挖出的比原币数量远远不及之前宣传的每天47～48个。B3矿机维权群的代表表示每天挖6个币,去除电费后一天可以赚18元,回本需要686天,远远超过当初宣传的60天。

之后双方对于补偿方式未达成一致。比特大陆认为蚂蚁矿机B3属于投资产品,其价格会根据市场或币价进行调整,第一批矿机虽然存在问题,但问题概率没有媒体宣传的那么夸张。

【案例分析】

一般而言,矿机是指专门用来挖取电子加密货币的机器,主要分为 ASIC 矿机和显卡矿机两种类型。挖矿通常是指矿机通过一定算法来挖取每日新产生的电子加密货币,而挖币数量与矿机算力成正相关。另外,由于每日新产生的电子加密货币数量基本是确定不变的,挖币数量与矿工数量成负相关,因此时间对于矿工而言就显得尤为重要。

本案中,B3 矿机的算力远远低于其宣传的数据,回本时间远远长于其所宣传的时间,且存在第二批矿机提前并降价销售和提前挖矿的情况,从而进一步摊薄了维权矿工们的利润。因此如诉至法院,即使矿机被认定为属于投资产品,矿机生产商也仍可能对其是否存在虚假宣传诱骗买家购买矿机的行为、矿机算力是否达到双方约定的标准、矿机芯片功能是否完好等负有举证责任。《反不正当竞争法》第八条、第二十条和《中华人民共和国广告法》(以下简称《广告法》)第二十八条、第五十五条、第五十六条等均对虚假宣传及相应法律后果作出了规定。

《反不正当竞争法》第八条:经营者不得对其商品的性能、功能、质量、销售状况、用户评价、曾获荣誉等作虚假或者引人误解的商业宣传,欺骗、误导消费者。经营者不得通过组织虚假交易等方式,帮助其他经营者进行虚假或者引人误解的商业宣传。

　　《反不正当竞争法》第二十条：经营者违反本法第八条规定对其商品作虚假或者引人误解的商业宣传，或者通过组织虚假交易等方式帮助其他经营者进行虚假或者引人误解的商业宣传的，由监督检查部门责令停止违法行为，处二十万元以上一百万元以下的罚款；情节严重的，处一百万元以上二百万元以下的罚款，可以吊销营业执照。经营者违反本法第八条规定，属于发布虚假广告的，依照《中华人民共和国广告法》的规定处罚。

　　《广告法》第二十八条：广告以虚假或者引人误解的内容欺骗、误导消费者的，构成虚假广告。广告有下列情形之一的，为虚假广告：（一）商品或者服务不存在的；（二）商品的性能、功能、产地、用途、质量、规格、成分、价格、生产者、有效期限、销售状况、曾获荣誉等信息，或者服务的内容、提供者、形式、质量、价格、销售状况、曾获荣誉等信息，以及与商品或者服务有关的允诺等信息与实际情况不符，对购买行为有实质性影响的；（三）使用虚构、伪造或者无法验证的科研成果、统计资料、调查结果、文摘、引用语等信息作证明材料的；（四）虚构使用商品或者接受服务的效果的；（五）以虚假或者引人误解的内容欺骗、误导消费者的其他情形。

　　《广告法》第五十五条：违反本法规定，发布虚假广告的，由工商行政管理部门责令停止发布广告，责令广告主在相应范围内消除影响，处广告费用三倍以上五倍以下的罚款，广告费用无法计算或者明显偏低的,处二十万元以上一百万元以下的罚款;两年内有三次以上违法行为或者有其他严重情节的,处广告费用五倍以上十倍以下的罚款,广告费用无法计算或者明显偏低的,处一百万元以上二百万元以下的罚款,可以吊销营业执照,并由广告审查机关撤销广告审查批准文件、一年内不受理其广告审查申请。医疗机构有前款规定违法行为,情节严重的,除由工商行政管理部门依照本法处罚外,卫生行政部门可以吊销诊疗科目或者吊销医疗机构执业许可证。广告经营者、广告发布者明知或者应知广告虚假仍设计、制作、代理、发布的,由工商行政管理部门没收广告费用,并处广告费用三倍以上五倍以下的罚款,广告费用无法计算或者明显偏低的,处二十万元以上一百万元以下的罚款;两年内有三次以上违法行为或者有其他严重情节的,处广告费用五倍以上十倍以下的罚款,广告费用无法计算或者明显偏低的,处一百万元以上二百万元以下的罚款,并可以由有关部门暂停广告发布业务、吊销营业执照、吊销广告发布登记证件。广告主、广告经营者、广告发布者有本条第一款、第三款规定行为,构成犯罪的,依法追究刑事责任。

《广告法》第五十六条:违反本法规定,发布虚假广告,欺骗、误导消费者,使购买商品或者接受服务的消费者的合法权益受到损害的,由广告主依法承担民事责任。广告经营者、广告发布者不能提供广告主的真实名称、地址和有效联系方式的,消费者可以要求广告经营者、广告发布者先行赔偿。关系消费者生命健康的商品或者服务的虚假广告,造成消费者损害的,其广告经营者、广告发布者、广告代言人应当与广告主承担连带责任。前款规定以外的商品或者服务的虚假广告,造成消费者损害的,其广告经营者、广告发布者、广告代言人,明知或者应知广告虚假仍设计、制作、代理、发布或者作推荐、证明的,应当与广告主承担连带责任。

据此,笔者建议企业在经营矿机出售业务时,应当注意防范此类虚假宣传风险,可采取包括售前风险提示、合理确定产品合格标准、广告宣传不背离产品实际等各项措施。

三、代币发行法律风险

(一)案例:迅雷链克开启共享经济新时代

在中国近两年的区块链行业发展历程中,迅雷玩客云与链克模式具有举足轻重的标杆作用,并且其与时俱进,积极响应国家号召,在合规合法的前提下继续创新,探索发展区块链技术的中国模式。在迅雷共享计算生态中,链克不仅仅是用于公平地计量、登记并证明共享计算资源的提供与耗用的凭证,更是基于区块链技术产生的用户和商户之间的激励工具。玩客云用户通过玩客云智能硬件分享网络带宽、存储空间等计算资源获得链克;商户耗用链克获得玩客云用户贡献出的闲置计算资源;用户使用链克兑换共享计算相关的产品和服务。在整个商业场景闭环中,链克是连接所有场景的纽带,也让区块链技术有了大众层面的成功应用,让大众看到区块链在金融领域之外的更多可能。

链克最开始的名称是"玩客币",用户购买玩客云设备(矿机)后参与挖矿,挖得玩客币后可用于交换网盘或 NAS 服务。按照之前玩客币官网介绍的玩客币产生机制,玩客币总量设计 15 亿个,其中用于挖矿的玩客币数量为 12 亿个。从 2017 年 10 月 12 日起每日挖矿产量为 164 万个,产量以 365 日为周期衰减,每次衰减 50%。玩客币的价格从最初的 1 毛钱,最高涨至 9 块多,翻了 90 多倍。2017 年 9 月,中国人民银行、中央网信办、工业和信息化部等发布《关于防范代币发行融资风险的公告》对代币的法律性质及代币平台的整顿清理工作作出了明确指示。随后迅雷发布公告,明确玩客币属于数字资产,其基于"玩客云"智能硬件,并以共享经济云计算和区块链技术为依托,玩客币的分配仅用于挖矿奖励、运营开支和创始团队激励,不作为代币。用户可通过玩客币获取网络加速、数字内容、第三方平台交易等多种收益和服务内容。2017 年 12 月,为有效打击各类可能出现的投机行为,玩客币更名为链克,仍用以交换共享资源与各类增值服务;玩客币钱包更名为链克口袋,同时开启线上实名认证功能;迅雷将联合行政部门展开打击非法交易平台活动,并提醒用户尽快将交由交易平台代管的链克提取至链克口袋。[1]

2018 年 1 月 12 日，中国互联网金融协会发布《关于防范变相 ICO 活动的风险提示》，并提到链克就是"以矿机为核心发行虚拟数字资产"（IMO）模式发行的虚拟数字资产，本质上属于变相 ICO。[2] 随后迅雷发布通知强调链克不具有货币属性和炒作价值，告知用户仅能在迅雷及其合作伙伴提供的应用服务中使用链克，迅雷将不再提供用户间的转账功能，同时链克应用场景已逐步落地并将不断提升链克的使用价值，并强调坚决拥护国家政策，不从事非法 ICO 行为。[3] 迅雷的做法最终使链克仅具有迅雷内部用户积分的属性，用户可凭积分兑换迅雷生态内的各种服务，因而可视为是一种积分发行方式的创新，也是对虚拟货币发行机制的一种借鉴。但实践中链克仍存在二级市场，因此仍有可能被认定为具有投机属性的风险。

---

[1] 迅雷：《玩客币相关调整公告》，2017 年 12 月 9 日，https://www.onethingcloud.cnnewsdetail.html？id＝1533623695D3hY1PjJ8LiyMeOCpqKcRGr7H wZ9Qkt6。

[2] 《关于防范变相 ICO 活动的风险提示》：2017 年 9 月，在中国人民银行等七部门联合发布的《关于防范代币发行融资风险的公告》中明确指出，代币发行融资（ICO）行为涉嫌非法集资、非法发行证券以及非法发售代币票券等违法犯罪活动，任何组织和个人应立即停止从事 ICO 业务。随着各地 ICO 项目逐步完成清退，以发行迅雷"链克"（原名"玩客币"）为代表，一种名为"以矿机为核心发行虚拟数字资产"（IMO）的模式值得警惕，存在风险隐患。10 月以来，以 IMO 模式发行的"虚拟数字资产"，包括链克、流量币、BFC 积分等。以迅雷"链克"为例，发行企业实际上是用"链克"代替了对参与者所贡献服务的法币付款义务，本质上是一种融资行为，是变相 ICO。同时，迅雷还通过招商大会频繁推销、发布交易教程助推炒作等方式，吸引大量不具备识别能力的群众卷入其中。

[3] 迅雷：《关于迅雷坚决拥护国家打击 ICO 的公告》，2018 年 1 月 17 日，https://www.onethingcloud.cnnewsdetail.html？id＝1533624119B6LAkRY7OWgz Xs Gqo1talw3ZiM0DKybC。

（二）案例分析及提示

1.ICO 合法性风险

ICO 即首次代币发行，通常是指区块链项目首次公开发行代币，募集比特币、以太币等虚拟货币的行为。由于 ICO 的融资过程与传统股权或债权融资具有一定相似性（这从 ICO 的概念来源就可见一斑，其源自于股票市场的首次公开发行，即 IPO），其所发行的代币在实践中可能被认为是一种证券。根据《中华人民共和国证券法》（以下简称《证券法》）中对"证券"的界定，证券一般是指股票和债券，因此若根据文义解释代币的发行并不直接适用《证券法》的相关规定。但若在代币发行时，发行方赋予了投资人表决权、回购权、分红权等相关权利或固定收益等承诺，根据国内监管机构通常采取的"实质重于形式"原则，该代币有较大可能被认为具备了"类证券"性质而被定性为"证券"。此时，如果代币公开流通，则实际上具备了公开发行的属性，进而可能致使发行方的代币发行行为被认定为属于《证券法》第一百八十八条规定的未经许可擅自公开发行证券行为，并因此面临行政处罚。

另根据中国人民银行、中央网信办、工业和信息化部等发布的《关于防范代币发行融资风险的公告》第一条、第二条规定，代币发行融资是指融资主体通过代币的违规发售、流通，向投资者筹集比特币、以太币等"虚拟货币",本质上是一种未经批准非法公开融资的行为,涉嫌非法发售代币票券、非法发行证券,以及非法集资、金融诈骗、传销等违法犯罪活动;各类代币发行融资活动自该公告发布之日起应当立即停止,已完成代币发行融资的组织和个人应当做出清退等安排,合理保护投资者权益并妥善处置风险。结合《中华人民共和国刑法》(以下简称《刑法》)的规定,前述所涉犯罪活动主要包括擅自发行股票、公司、企业债券罪和欺诈发行股票、债券罪。

据此,对于发行方而言,须考虑如何设置类似 ICO 项目(如互联网积分)的架构,或对被认定为属于 ICO 的项目进行重新架构设置(如不直接向投资人筹集虚拟货币、不与人民币直接挂钩和进行双向兑换、限制使用规模、禁止二级市场交易等),以区别于 ICO 从而规避国家政策中的禁止性规定。同时,为确保相关业务的合法性进而保证其日常经营并为其日后进入资本市场做准备,发行方在资金募集计划开始前如何选择境外司法管辖地就显得非常重要。而从代币可能被认定为证券的角度考虑,发行方在从事相关业务时应尽量避免在项目白皮书及其他项目宣传资料中对代币发行做出不当承诺或表述,以避免其被认定为证券的可能性,并保证项目宣传资料的准确性和真实性,从而防范其发行行为触犯欺诈发行股票、债券罪。同时,发行方可通过与投资人签订 SAFT(即 Simple Agreement for Future Tokens,其内容一般涵盖了条件限制、对发行方的保护、根据不同 ICO 项目制定的折扣等条款)的方式,将代币发行的非证券化性质和代币发行项目信息及其存在的风险及时、准确地披露给投资人,以避免后期项目出现问题时,可能会面临的民事、刑事风险和行政处罚风险。

2.不当宣传风险

除前文提及的 ICO 虚假宣传风险外,代币发行还可能涉及另一类型的宣传风险。根据中国人民银行、工业和信息化部、中国银行业监督管理委员会等发布的《关于防范比特币风险的通知》第一条规定,比特币应是一种特定的虚拟商品。虽然该文件的适用对象为比特币,但根据国内执法实践及比特币和代币的性质,可通过扩大解释将该文件适用对象扩展至代币。如将代币视为一种商品,则发行方作为商品的提供者,应属于《消费者权益保护法》规定的"经营者",故应承担其作为经营者的义务和责任。《消费者权益保护法》第四十五条、第五十六条对经营者虚假宣传的法律责任作出了规定。

《消费者权益保护法》第四十五条:消费者因经营者利用虚假广告或者其他虚假宣传方式提供商品或者服务,其合法权益受到损害的,可以向经营者要求赔偿。广告经营者、发布者发布虚假广告的,消费者可以请求行政主管部门予以惩处。广告经营者、发布者不能提供经营者的真实名称、地址和有效联系方式的,应当承担赔偿责任。广告经营者、发布者设计、制作、发布关系消费者生命健康商品或者服务的虚假广告,造成消费者损害的,应当与提供该商品或者服务的经营者承担连带责任。社会团体或者其他组织、个人在关系消费者生命健康商品或者服务的虚假广告或者其他虚假宣传中向消费者推荐商品或者服务，造成消费者损害的，应当与提供该商品或者服务的经营者承担连带责任。

《消费者权益保护法》第五十六条：经营者有下列情形之一，除承担相应的民事责任外，其他有关法律、法规对处罚机关和处罚方式有规定的，依照法律、法规的规定执行；法律、法规未作规定的，由工商行政管理部门或者其他有关行政部门责令改正，可以根据情节单处或者并处警告、没收违法所得、处以违法所得一倍以上十倍以下的罚款，没有违法所得的，处以五十万元以下的罚款；情节严重的，责令停业整顿、吊销营业执照：……（六）对商品或者服务作虚假或者引人误解的宣传的……

同时，针对代币发行的项目白皮书等宣传资料就具备了广告的性质，发行方应遵守《广告法》（具体规定请详见本章第二节）、《刑法》（具体规定请详见本书第四章）等相关法律规定。

四、经营委托理财业务法律风险

（一）案例介绍

 案例 1

义乌市人民法院
（2018）浙 0782 民初 1664 号委托理财合同纠纷案

【基本案情】

2017 年 6 月初,原告经案外人介绍认识被告,即菲律宾的 DK 币投资项目负责人。原告认为投资 DK 币项目可赚钱,遂向被告的中国银行账户汇款共计 180 万元,委托被告在 DK 币平台购买矿机。被告收到汇款后告知原告以每台矿机 36 万元的价格购买了 5 台矿机。原告于同年 6 月 13 日收到收益 29520 元,6 月 15 日收到收益 70920 元,6 月 19 日收到收益 58680 元,6 月 24 日收到收益 59220 元,共计收到 218340 元收益款。2017 年 8 月底,原告发现原先可以查看的 DK 币网络平台已关闭,原告认为被告从事的是一个骗局,没有尽到受托人审慎的注意义务。同年

10月,原告要求被告返还投资本金180万元未果引起诉讼。

【法院观点】

法院认为,涉案DK币是一种网络虚拟货币(类似于比特币),根据《关于防范代币发行融资风险的公告》和《关于防范比特币风险的通知》的规定,虚拟货币不是由当局发行的货币,不具有货币属性,因此并非真正意义上的货币。DK币实质上类似于比特币,是一种特定的虚拟商品,不具有法定货币地位,不能也不应作为货币在市场上流通使用。根据"非法债务不受法律保护"的原则,本案原告出资委托被告投资购买DK币平台上的矿机,属从事非法金融活动,扰乱了国家金融秩序,其行为不应受到法律的保护,由此造成的损失应当由原告自行承担。因此原告的诉讼请求于法无据,法院不予支持。

 案例2

东莞市第一人民法院
(2016)粤1971民初1819号合同纠纷案

【基本案情】

2014年9月12日,原告(乙方)与被告一(甲方)签订了一份《理财顾问服务合同》,约定"甲乙双方经充分协商,就甲方担任乙方理财顾问,指导乙方投资美国氢能集团的比特币云矿合约达成以下协议,以资共同信守。1.乙方同意投资人民币106万元,注册在甲方的系统名下,根据甲方的指示进行投资操作。2.理财顾问服务期为一年。从2014年9月12日起至2015年9月11日止。3.甲方应利用自己的专业知识和丰富的经验向乙方提供正确的投资操作指示,确保乙方投资的本金(106万元)不受损失。合约到期时如乙方累计投资收益低于投资本金时,甲方应在合约到期后3日内补足差额,并保障本金的月收益3%。4.甲方保证乙方的投资收益可以在系统内每日进行结算,具体结算时间由乙方自行决定。5.甲方如未依约及时补足乙方的投资本金损失,除继续补足投资本金损失外,还需向乙方支付未补足本金的滞纳金,滞纳金按照未补足本金每天3‰计算……"2014年9月,第三人账户向被告二账户分别转账1060535元、1028113.2元、222883.2元、210015元。

本案审理过程中,原告在第一次庭审中主张与被告存在民间借贷关系,后原告变更意见,明确以合同关系提出诉求。原告主张双方的合同关系内容与理财顾问服务合同的内容一致,并称虽然合同约定金额为1060000元,但实际履行的投资金额为2521546.4元。原告称其按被告要求的金额支付涉案款项,且未持有涉案所谓美国氢能集团平台的账户及密码,原告从未操纵过该平台,也未获得过收益。原告要求两被告共同向其偿还欠款2521546.4元及从2014年9月12日起所计利息。

【法院观点】

法院认为,原告先以民间借贷纠纷提起诉讼,后变更意见,明确以合同关系主张权利,本案应为合同关系纠纷。本案争议焦点在于:1. 本案是否涉及刑事犯罪,是否应当中止审理;2. 涉案《理财顾问服务合同》是否有效;3. 原告是否有权诉请两被告返还 2521546.4 元及利息。现对上述争议焦点评析如下。

首先,本案原被告均非刑事案件当事人,原被告之间的法律关系也未涉及刑事犯罪,本案属于经济纠纷,不符合中止审理的情况,对两被告的中止审理申请应不予准许。

其次,涉案《理财顾问服务合同》为原被告自愿签订,两被告主张该合同属于以合法形式掩盖非法目的,但如前所述,涉案纠纷未涉嫌刑事犯罪,涉案《理财顾问服务合同》未违反强制性效力法律规定,两被告主张合同无效没有依据,法院不予采纳。

再次,两被告主张合同并未实际履行,并当庭申请法院调取涉案氢能集团交易平台关联的账户交易记录,但该申请已经超过举证期限,且被告无法提供具体的关联账户信息,原告对此也不予确认,对被告的调查取证申请法院不予准许。对于两被告辩称涉案合同未履行的意见,不予采信。虽然《理财顾问服务合同》约定的金额仅为 1060000 元,但案中原告支付的所有款项均投资至《理财顾问服务合同》约定的美国氢能集团比特币云矿项目,原告的付款均应属于《理财顾问服务合同》项下的投资金额。故原告有权依据《理财顾问服务合同》第三条约定,要求被告一支付投资款2521546.4元。关于原告诉请的利息,《理财顾问服务合同》约定月收益3%,原告有权要求被告一支付利息,具体分四笔,即以1060535元为本金从2014年9月12日起算;以1028113.2元为本金从2014年9月17日起算;以222883.2元为本金从2014年9月27日起算;以210015元为本金从2014年9月30日起算,均按照月利率3‰计算至实际清偿之日止。

最后,涉案债务发生在两被告夫妻关系存续期间,应为夫妻共同债务,原告有权要求被告二承担责任。

 案例 3

吉木萨尔县人民法院

(2017)新 2327 民初 1849 号委托合同纠纷案

【基本案情】

原告与被告于2015年2月通过中介销售房屋相识,被告委托原告所在的昌吉市越兴隆房产经纪有限公司出售其房屋,原告出售被告房屋后,未将售房款15万余元给付被告。2015年3月,原告前往乌鲁木齐市与被告电话联系,得知被告在乌鲁木齐市投资购买"暗黑币"网上理财产品,便向被告了解该理财产品收益情况,被告介绍原告前往乌鲁木齐兵团大饭店17

楼套房设置的"暗黑币授课点"听课,后原告决定投资购买该产品。

2015 年 3 月 19 日,原告得知当日有售卖"暗黑币"优惠活动,决定投资购买,随后在授课点人员引导下,原告将自己尾号为 8483 的信用卡及尾号为 2334 的邮政储蓄卡交由现场人员,进行 POS 机刷卡转账,原告自己输入其银行卡密码,共转账 3 笔款,合计金额为 125000 元。后原告又交付被告现金 21170 元,被告将该款交付给授课人员谭建。原告交付以上款项后,获得了该"暗黑币"理财产品的登录账号、密码、V9 排序点位等。原告排序在被告之后,成为被告的下线,后原告担心该投资有风险,便与被告商议,被告向原告表示:"你如果觉得不保险,就把点位转让给我,我的房款还在你那里呢。"后原告未将其 V9 排序点位转让出去。2015 年 4 月 2 日,原被告得知,"暗黑币"理财产品网站被江苏徐州市公安机关查封,原被告之间发生争议,原告认为被告的行为构成诈骗,于是向公安机关报案,公安机关答复不予立案受理,建议原告通过民事诉讼程序处理。后双方协商无果,原告诉至法院,请求判令被告偿还原告投资款 146170 元,并承担利息损失。

经查明,原被告投资购买的"暗黑币"理财产品实质上是委托网络平台管理人员投资购买虚拟货币,购买人通过缴纳"暗黑币"矿机租用费(门槛费)的方式成为会员,并组成固定层级,以发展人员的数量作为返利依据并通过出售虚拟"暗黑币"的方式直接获利。

【法院观点】

法院认为,本案中原被告均为成年人,应当对自己的民事行为承担责任。原告应当对其投资购买"暗黑币"网上理财产品的风险有所预见,原告未能经受住"暗黑币"网络平台销售人员谭建、马智和被告等人的高额回报宣传诱惑,对其委托网络平台理财投资款不能收回,应承担主要责任。被告介绍原告参加"暗黑币"培训班,为获取相应预期利益,将原告发展为自己的下线,并通过其上线及管理人员为原告购买"暗黑币",双方形成事实上的上线与下线的委托理财关系,双方具有通过网络平台获取利益的目的。根据双方陈述及法庭查明的事实,原被告购买"暗黑币"并委托网络平台管理人员进行投资,被公安机关取缔,该行为为法律禁止性行为,故原被告双方之间以及原被告在"暗黑币"网络平台购买"暗黑币"理财交易行为为无效民事行为。

法院认为,被告的行为可以使原告有理由认为被告以售房款提供担保,产生了原告未将其 V9 排序点位转让出去的结果。以上事实可以认定被告以自己在原告处的售房款向原告作出了承诺保证,被告的不当言行导致原告未将该"暗黑币"转让,增加了原告委托理财投资"暗黑币"的风险,被告的言行与原告的不能收回资金损失存在一定的因果关系,故被告应对其承诺保证行为承担一定责任。鉴于被告保证行为基于原告委托投资"暗黑币"的无效民事行为,该承诺保证行为应当认定为无效。但对于保证合同因主合同无效而无效情况下保证人的民事责任,参照《最高人民法院关于适用〈中华人民共和国担保法〉若干问题的解释》第八条"主合同无效而导致担保合同无效,担保人无过错的,担保人不承担民事责任;担保人有过错的,担保人承担民事责任的部分,不应超过债务人不能清偿部分的三分之一"的规定。本案中,被告发展原告为下线,为实现发展下线获取利益的目的,通过其不当的承诺担保言行,造成原告未将其持有的"暗黑币"转让出去,使原告利益严重受损,被告的行为具有一定的过错。同时,被告收取原告的 21170 元现金交付给谭建,对原告不能收回资金也存在一定过错。根据《合同法》第五十八条的规定,合同无效或者被撤销后,因该合同取得的财产,应当予以返还;不能返还或者没有必要返还的,应当折价补偿。有过错一方应当赔偿对方因此所受到的损失,双方都有过错的,应当各自承担相应责任。在委托网络理财合同被认定为无效的情况下,依照无效合同的处理原则,双方均有过错的,应当根据过错大小,对损失分别承担责任,故本案被告应当根据其过错程度向原告承担不能收回资金部分的 1/3 以下的责任,据此法院判令被告应补偿原告48723.3 元(146170×1/3)。被告因保证合同向原告承担赔偿责任后,可以向其上线及网络平台管理人员进行追偿。

 案例 4

西安市中级人民法院
(2018)陕 01 民终 1674 号合同纠纷案

【基本案情】

2016 年 5 月 14 日,原告委托被告租赁网络虚拟天使币大矿机 1

台,并交付天使币大矿机租赁费 15000 元。2016 年 7 月 23 日,原告又委托被告租赁网络天使币大矿机 2 台,交付天使币大矿机租赁费 50000 元。被告出具收条,并于 2016 年 7 月 23 日出具说明,保证原告投资的 50000 元在 3 个月内收回本金,由被告全权负责。如有意外,被告本人负责赔偿损失的本金。后被告于 2016 年 8 月 17 日出具说明,承诺如到 2016 年年底前仍然收不回投资,由其本人负责在 2016 年 12 月 31 日前补偿原告的本金损失 65000 元。期满后,原告未收到本金,故诉至法院要求被告支付投资本金 65000 元并支付相应利息。

【法院观点】

法院认为,被告先后出具两份说明,明确表示如 2016 年 12 月 31 日前原告收不回投资,其愿意补偿 65000 元本金,该承诺不违反法律、行政法规的强制性规定,且被告未提供充分有效的证据证明涉案两份说明系在原告欺诈、胁迫、乘人之危的情况下作出,故该承诺应为有效。现原告要求被告支付投资款本金 65000 元,证据充足,理由充分,依法应予支持。

(二)案例分析及提示

1. 委托合同的合法性风险

案例 1 中,由于虚拟货币目前已被两个文件否定了"货币"属性,不能且不应作为货币在市场上流通使用,故法院认为基于购买矿机及虚拟货币的委托投资行为为非法行为而不受法律保护,由此造成的损失应由投资人自行承担。案例 2 中,法院认为原被告均非刑事案件当事人,原被告之间的法律关系也未涉及刑事犯罪,且涉案合同为双方自愿签订,故涉案合同未违反法律规定,应为有效。案例 3 中,法院认为原被告购买"暗黑币"并委托网络平台管理人员进行投资理财的行为属于法律禁止性行为,故原被告之间,以及原被告在"暗黑币"网络平台购买"暗黑币"的理财交易行为系无效民事行为。在原被告委托网络理财合同被认定为无效的情况下,应依照《合同法》第五十八条规定的无效合同处理原则,双方均有过错的,应当根据过错大小,对损失分别承担责任。

据此,笔者认为企业在经营委托理财业务时,应严格依照相关法律法规进行,包括不从事《关于防范比特币风险的通知》和《关于防范代币发行融资风险的公告》中规定的"不得开展与比特币相关的业务"和"不得开展与代币发行融资交易相关的业务",同时向委托人尽到审慎注意义务和告知义务,严格按照委托人的委托和真实意思表示办理交易事项,避免因自身存在过错而承担额外责任。

2.承诺/保证风险

案例 2 中,被告一承诺如合约到期时原告累计投资收益低于投资本金,被告应在合约到期后 3 日内补足差额,故法院认为原告有权依据合同约定要求被告支付投资款及利息。案例 3 中,鉴于被告保证行为基于原告委托投资的无效民事行为,该承诺保证行为应当认定为无效,对于保证合同因主合同无效而无效情况下保证人的民事责任应参照《最高人民法院关于适用〈中华人民共和国担保法〉若干问题的解释》第八条规定,即"主合同无效而导致担保合同无效,担保人无过错的,担保人不承担民事责任;担保人有过错的,担保人承担民事责任的部分,不应超过债务人不能清偿部分的三分之一"。案例4中,法院认为被告出具的说明明确表示如2016年12月31日前原告收不回投资,其愿意补偿65000元本金,该承诺不违反法律、行政法规的强制性规定,且被告未提供充分有效的证据证明涉案两份说明系在原告欺诈、胁迫、乘人之危的情况下作出,故该承诺应为有效。

从上述案例可知,法院对于受托人做出的投资收益承诺的效力有不同判断,而对作为受托人的企业而言,不论此种承诺是否有效,不对投资收益做出任何承诺或保证方符合投资的本意。

第四章

企业经营中的刑事法律风险

随着区块链技术的发展,网络与金融的关系日益密切,各类犯罪行为也借着区块链技术在网络中滋生,以比特币为代表的虚拟币基于计算机技术和网络推广而产生的各类虚拟财产犯罪层出不穷。但从我国现行法律体系来看,现行立法对此尚未有十分清晰的规定。本章结合现有的相关文件提及的罪名及案例,对区块链企业及其经营者在经营活动中可能遇到的刑事法律风险进行分析。

一、现有的政策文件

2017年9月4日,中国人民银行、中央网信办、工业和信息化部等七部门发布了《关于防范代币发行融资风险的公告》,公告指出,近几年来国内通过发行代币形式包括首次代币发行(ICO)进行融资的活动大量涌现,以至于投机炒作行为盛行,涉嫌从事非法金融活动,严重扰乱了金融秩序,为了保护投资者的合法权益,防止金融风险的发生,规定从公告发布之日起立即停止各类代币发行融资活动,明确了我国现阶段法律体系不允许代币发行活动的存在。同时,也从法规角度明确了代币发行本质是未经批准非法公开融资的行为,该行为将会涉嫌构成非法集资、金融诈骗、传销、非法发售代币票券、非法发行证券等违法犯罪活动。

继七部门发布联合公告叫停代币发行,清理整顿ICO平台后,比特币中国宣布停止比特币等交易业务,北京监管机构宣布关停比特币等虚拟交易所,并对多家与区块链概念有关的媒体微信公众号进行了整顿。2018年8月24日,银保监会、中央网信办、公安部、中国人民银行、市场监管总局联合发布《关于防范以"虚拟货币""区块链"名义进行非法集资的风险提示》,向公众提示注意以区块链技术为概念的传销风险。该风险提示介绍了以"虚拟货币""区块链"为名义的非法集资行为的特征:

1.网络化、跨境化明显。依托于互联网及聊天软件进行交易,利用网上支付工具进行资金收支,风险波及范围广、扩散速度快。通过租用境外服务器搭建网站,实质是面向境内居民开展活动,并远程控制实施违法活动。

2.欺骗性、诱惑性、隐蔽性较强。通常利用热点概念进行炒作,编造名目繁多的"高大上"的理论,利用名人名家进行宣传,以高投资收益等为诱惑,宣称"币值只涨不跌""投资周期短、收益高、风险低"等,具有较强的诱惑性。通过幕后操纵所谓虚拟货币价格涨跌及走势、设置获利和提现门槛等手段非法牟取暴利,以ICO、IFO、IEO等花样翻新的名目发行代币,或打着共享经济的旗号以IMO方式进行虚拟货币炒作。

3.存在多种违法风险。通过公开宣传,以"静态收益"(炒币升值获利)和"动态收益"(发展下线获利)为诱饵,吸引公众投入资金,并利诱投资人发展下线加入,扩大队伍人数,不断扩充资金池,具有非法集资、传销、诈骗等违法行为特征。

以上所列举的违法活动通常以"金融创新"为噱头,实质是"借新还旧"的庞氏骗局,资金运转难以长期维系,最终将侵害投资者的合法权益。

接下来通过具体的案例来介绍分析以上所提及的主要罪名。

二、组织、领导传销活动罪

由于"区块链"概念迅速爆红,与区块链有关的传销活动也大量爆发,如接连爆出的维卡币、马克币、亚洲币、奥特币等多个以虚拟币为宣传手段的传销活动,因此组织、领导传销活动罪是与区块链有关的常见刑事罪名。

(一)相关案例

 案例 1

新晃侗族自治县人民法院
(2017)湘 1227 刑初 88 号

【基本案情】

被告人吕某参考其他数字货币的营销模式构思了"亚盾币"传销模式,通过"亚盾币"会员管理系统和"亚盾币"交易平台进行运作。

会员管理系统具有会员注册、发行和出租虚拟的"亚盾矿机",对会员进行分红和发展下线时层层返利的功能。获得会员资格须租赁该组织发行的虚拟的"亚盾矿机",且通过人民币购买的方式获得相应数量的"亚盾币"。成为"亚盾币"传销组织的会员后,传销组织通过会员管理系统自动向不同层级的会员返利,成为"静态收益";"亚盾币"传销组织向会员直接或间接发展下线的返利为"动态收益"。而交易平台主要的功能是买卖"亚盾币"以兑换人民币,会员从"亚盾矿机系统"提取亚盾币时,传销组织将从后台直接扣除相应比例的"亚盾币"作为手续费,"亚盾币"在交易平台上兑换人民币时,交易平台将再次收取一定的手续费。经司法鉴定中心鉴定,该传销组织共发展会员 6639 人,会员层级达 119 层,推广"亚盾矿机"12851 台,共计"亚盾币"83644000 枚,涉案传销资金上亿人民币。

【法院观点】

组织、领导传销活动罪是指组织、领导以推销商品、提供服务等经营活动为名,要求参加者以缴纳费用或者购买商品、服务等方式获得加入资格,并按照一定顺序组成层级,直接或者间接以发展人员的数量作为计酬或者返利依据,引诱、胁迫参加者继续发展他人参加,骗取财物,扰乱经济社会秩序的传销活动。根据《最高人民检察院、公安部关于公安机关管辖的刑事案件立案追诉标准的规定(二)》第七十八条第一款规定,涉嫌组织、领导的传销活动人员在三十人以上且层级在三级以上的,对组织者、领导者,应予立案追诉;根据《关于办理组织领导传销活动刑事案件适用法律若干问题的意见》第四条规定,组织、领导的参与传销活动人员累计达一百二十人以上的或者直接、间接收取参与传销活动人员缴纳的传销资金数额累计达二百五十万元以上的为情节严重。最终判处吕某等主从犯 1～3 年不等的有期徒刑,并处以罚款。

 案例 2

阳谷县人民法院
(2017)鲁 1521 刑初 92 号

【基本案情】

被告人徐某在国内发起投资虚拟货币"麦格币",依托网站,要求他人购买 500 个、3000 个、10000 个不等的"麦格币"(开盘时每"麦格币"3元人民币)。通过租赁其"矿机"获得加入资格,成为小矿机、中矿机、大矿机会员并取得该平台网站的会员账号,获得静态收益的同时取得发展其他人员加入的资格。按照每名会员名下排列两个下线为其左右两个区的方式组成双轨制团队,由推荐人为被推荐人在自己的下线安排位置,形成上下层级关系,以直接或者间接发展人员数量及缴费金额作为返利依据。

至案发,该会员网站注册会员共 43132 人次,层级在三层以上,其中小矿机会员 20360 人,中矿机会员 7562 人,大矿机会员 15210 人。被告人徐某利用陶某、丁某、徐某甲等人银行卡为其收取会员缴纳的传销资金达 2 亿元。

【法院观点】

法院认为被告人徐某依托网站发起的以投资"麦格币"为载体,参加者需缴纳一定的资金方可成为会员,再按照组织内部一定顺序组成层级,以直接或者间接发展人员数量作为返利依据,引诱参加者继续发展他人参加,并骗取会员财物,扰乱社会正常经济秩序,该活动属于传销活动。且因徐某属于累犯,从重处罚判处徐某十年有期徒刑,并处罚金人民币二百万元。

(二)罪名分析

1. 相关法条

现行《刑法》中关于传销活动犯罪最为直接的规制依据为《刑法修正案(七)》所增设的组织、领导传销活动罪。为了防止欺诈,保护公民、法人和其他组织的合法权益,国务院于 2005 年颁布了《禁止传销条例》用以维护市场经济秩序。2013 年 11 月 14 日,最高人民法院、最高人民检察院、公安部发布了《关于办理组织领导传销活动刑事案件适用法律若干问题的意见》(公通字〔2013〕37 号)也着重对与传销有关的问题进行了明确。

根据《刑法》第二百二十四条之一的规定,传销活动是指"以推销商品、提供服务等经营活动为名,要求参加者以缴纳费用或者购买商品、服务等方式获得加入资格,并按照一定顺序组成层级,直接或者间接以发展人员的数量作为计酬或者返利依据,引诱、胁迫参加者继续发展他人参加,骗取财物,扰乱经济社会秩序"的活动。

《禁止传销条例》第七条规定了三种属于传销的行为。

(1)组织者或者经营者通过发展人员,要求被发展人员发展其他人员加入,对发展的人员以其直接或者间接滚动发展的人员数量为依据计算和给付报酬(包括物质奖励和其他经济利益,下同),牟取非法利益的;

(2)组织者或者经营者通过发展人员,要求被发展人员交纳费用或者以认购商品等方式变相缴纳费用,取得加入或者发展其他人员加入的资格,牟取非法利益的;

(3)组织者或者经营者通过发展人员,要求被发展人员发展其他人员加入,形成上下线关系,并以下线的销售业绩为依据计算和给付上线报酬,牟取非法利益的。

2.具体分析

(1)组织、领导人员的范围

组织、领导传销活动罪并非对传销组织中的所有成员均予以刑事处罚,而是仅将组织、领导传销活动的行为认定为本罪的构成要件。公通字

〔2013〕37号意见对此认定进行了列举：①在传销活动中起发起、策划、操纵作用的人员；②在传销活动中承担管理、协调等职责的人员；③在传销活动中承担宣传、培训等职责的人员；④曾因组织、领导传销活动受过刑事处罚，或者一年以内因组织、领导传销活动受过行政处罚，又直接或者间接发展参与传销活动人员在十五人以上且层级在三级以上的人员；⑤其他对传销活动的实施、传销组织的建立、扩大等起关键作用的人员。对于传销组织中上述人员之外的其他参与的一般人员，一般通过行政处罚、教育遣散等方式进行处理，当然，在传销过程中作出其他犯罪行为的，仍应当以具体罪名定罪。

（2）对层级及人数的认定

根据公通字〔2013〕37号意见第一条的规定：以推销商品、提供服务等经营活动为名，要求参加者以缴纳费用或者购买商品、服务等方式获得加入资格，并按照一定顺序组成层级，直接或者间接以发展人员的数量作为计酬或者返利依据，引诱、胁迫参加者继续发展他人参加，骗取财物，扰乱经济社会秩序的传销组织，其组织内部参与传销活动人员在三十人以上且层级在三级以上的，应当对组织者、领导者追究刑事责任。

组织、领导多个传销组织，单个或者多个组织中的层级已达三级以上的，可将在各个组织中发展的人数合并计算。

组织者、领导者形式上脱离原传销组织后，继续从原传销组织获取报酬或者返利的，原传销组织在其脱离后发展人员的层级数和人数，应当计算为其发展的层级数和人数。

办理组织、领导传销活动刑事案件中,确因客观条件的限制无法逐一收集参与传销活动人员的言辞证据的,可以结合依法收集并查证属实的缴纳、支付费用及计酬、返利记录,视听资料,传销人员关系图,银行账户交易记录,互联网电子数据,鉴定意见等证据,综合认定参与传销的人数、层级数等犯罪事实。

(3)对骗取财物的认定

根据公通字〔2013〕37 号意见第三条的规定:"传销活动的组织者、领导者采取编造、歪曲国家政策,虚构、夸大经营、投资、服务项目及盈利前景,掩饰计酬、返利真实来源或者其他欺诈手段,实施《刑法》第二百二十四条之一规定的行为,从参与传销活动人员缴纳的费用或者购买商品、服务的费用中非法获利的,应当认定为骗取财物。参与传销活动人员是否认为被骗,不影响骗取财物的认定。"

(4)关于"情节严重"的认定

根据公通字〔2013〕37 号意见第四条的规定,具有下列情形之一的,应认定为"情节严重":"(一)组织、领导的参与传销活动人员累计达一百二十人以上的;(二)直接或者间接收取参与传销活动人员缴纳的传销资金数额累计达二百五十万元以上的;(三)曾因组织、领导传销活动受过刑事处罚,或者一年以内因组织、领导传销活动受过行政处罚,又直接或者间接发展参与传销活动人员累计达六十人以上的;(四)造成参与传销活动人员精神失常、自杀等严重后果的;(五)造成其他严重后果或者恶劣社会影响的。"

3.法律后果

根据《刑法》第二百二十四条之一的规定："组织、领导以推销商品、提供服务等经营活动为名,要求参加者以缴纳费用或者购买商品、服务等方式获得加入资格,并按照一定顺序组成层级,直接或者间接以发展人员的数量作为计酬或者返利依据,引诱、胁迫参加者继续发展他人参加,骗取财物,扰乱经济社会秩序的传销活动的,处五年以下有期徒刑或者拘役,并处罚金;情节严重的,处五年以上有期徒刑,并处罚金。"

(三)风险提示

从以上案例可以看出,虚拟货币传销活动通常以网站为依托,要求他人购买虚拟币并租赁"矿机"获得会员资格,通过"静态收益"和"动态收益"相结合的方式来发展会员以获得非法收益。为防止企业经营行为涉嫌构成传销,我们建议在经营推广时注意自身行为是否存在以下几个方面,若存在以下任意一种情形,则需引起注意,审视企业的宣传方式是否存在问题。

1.要求会员缴纳或变相缴纳入会费。在许多传销案件中,缴纳入会费是常见的入门要求,如前述的案例,需要购买虚拟币并租赁"矿机"才能获得会员资格,不论是直接购买还是间接租赁,均存在被认定为直接或间接要求缴纳入会费的可能。

2.多层级发展下线。这是传销活动最为典型的特点。参与的人数越多,获利的空间和基数就越大。常见的发展下线的方式通常为通过微信群宣传,微信自媒体公众号转发,组织大规模的授课、宣讲会等方式公开向不特定的群众进行宣传,以"高收益、高回报"作为宣传点吸引投资者的参与。

3.按发展人数获取收益计提报酬。在传销活动中涉及的人数少则几百,多则成千上万,通过直接或间接发展下线,根据会员等级来获取不同等级的收益,在实践中也存在发展下线直接获得虚拟货币奖励的情形,该类手段均是传销活动常有的特征。

三、集资诈骗罪

由于互联网、社交软件传播的方便性,通常将产品经过一定的宣传和包装后,即能骗取大量公众购买虚拟货币或相关商品并以此获利,因此集资诈骗、非法吸收公众存款等非法集资行为是币圈值得关注并防范的犯罪行为。

（一）案例介绍

案例 1

常州市武进区人民法院
（2018）苏 0412 刑初 174 号

【基本案情】

多名被告人以非法占有为目的，经事先预谋及相关"培训"，借网络虚拟货币"购派币"之名进行传销活动，以 Green Power Technology Development 为企业名，建立了"购派币"交易网站，制订网站交易"购派币"的相关规则，以高额返利为诱饵，利用网络平台发展下级会员从而获取利益回报。由胡某（另案处理）操控企业的整体运作、宣传、"购派币"营销网络的程序设定、后台维护修改；由被告人吕某、陈某专门负责在内地授课宣讲，同时接受胡某指令，部署相应的传销活动，接收会员注册租赁矿机的费用等。被告人吕某、陈某在常州进行大量"购派币"的宣讲、培训，通过当面讲解等形式组织、协调常州地区会员团队发展。截至案发时，被告在常州建立了按照一定顺序组成层级，以发展人员

数量作为计酬、返利依据的组织体系，参与传销活动的人员达到 40
人、层级达到 6 级，被告人吕某直接或间接收取的传销资金累计达人
民币 600 余万元，被告人陈某直接或间接收取的传销资金累计达人
民币 30 余万元。

【法院观点】

法院认为，被告人在公安机关的供述及微信聊天记录等书证，足以证
明二被告人对本案所谓的以"购派币"形式进行诈骗是明知的，但仍积极
参与，其行为符合集资诈骗罪的构成要件。

被告人吕某、陈某在他人纠集下，以非法占有为目的，为实施传销
活动组成较为固定的犯罪组织，并在传销活动中承担宣传、培训等职
责，其行为均已构成集资诈骗罪，系共同犯罪，其中被告人吕某的所得
属数额特别巨大，被告人陈某的所得属数额巨大。在共同犯罪中，被告
人吕某、陈某起次要作用，系从犯，依法应当从轻或减轻处罚。被告人
吕某、陈某归案后能如实供述本案事实，可从轻处罚。综上，对二被告
人均适用减轻处罚。人民检察院指控被告人吕某、陈某犯有集资诈骗
罪，罪名成立，应予支持。

案例 2

嘉兴县人民法院
(2015)嘉善刑初字第 318 号

【基本案情】

被告人颜某登记设立嘉兴某电子商务有限公司,并建立"大家网"网络借贷平台从事 P2P 网络借贷生意。在"大家网"网络借贷平台上线运营过程中,被告人颜某通过注册虚假网站会员并以虚构的会员身份发布虚假的借款标书,承诺支付高额利息、网站奖励为诱饵,吸引网站会员被害人(投资人)通过第三方支付平台、银行转账等方式将钱款打入被告人颜某控制的账户内,通过投注虚假标书的方式从而向社会不特定对象非法吸收资金。

其后,被告人颜某为吸收更多资金,以嘉兴某电子商务有限公司名义建立"808 比特币"交易网站,并采用网站会员与网站本身进行交易的模式展开运营。在"808 比特币"网站上线运营期间,被告人颜某凭借提供网站会员"借币"功能、优于其他比特币交易网站交易价、减免手续费等优势,并通过网站直接收购会员交易的比特币、人民币的方式,吸引"808 比特币"网站会员将人民币通过第三方支付平台、银行转账等方式打入颜某提供并控制的账户内,从而向社会不特定对象非法吸收资金。被告人颜某在网站会员不知情的情况下,私自将会员充入其账户内的人民币及比特币钱包内的比特币转移至中国比特币交易网站进行交易,并兑换成人民币后用于"大家网""808 比特币"网站会员的现金提取、企业运营及个人消费等。

另查明,被告人颜某于 2014 年 3 月 18 日因企业被调查、"大家网""808 比特币"网站停止运营,将会员充入的比特币私自在中国比特币交易网站兑换成人民币后进行转移。最终被告人颜某因资金链断裂、资不抵债,导致"大家网"部分会员受害人剩余账户资金于 2014 年 3 月 18 日起,无法提取,网站会员 30 余人,共计损失人民币 1310.66 万元;导致"808 比特币"10 余名会员充值的剩余人民币及比特币于 2014 年 3 月 18 日起无法兑现,共计损失人民币 170 余万元。

【法院观点】

被告人颜某以非法占有为目的,以高息为诱饵,并承诺在一定期限内还本付息,通过"大家网"网站进行非法集资,造成 31 名受害人共计人民币 1310.66 万元无法提取。后又以非法占有为目的,使用诈骗方法通过"808 比特币"网站进行非法集资,实际骗取 13 名受害人资金共计人民币 171.15 万元,属数额特别巨大。被告人颜某的行为已构成集资诈骗罪,以集资诈骗罪判处有期徒刑 13 年并处罚金人民币 25 万元。

（二）罪名分析

1.相关法条

《刑法》第一百九十二条对集资诈骗罪作出直接的规定，同时，在2001年最高人民法院《关于印发〈全国法院审理金融犯罪案件工作座谈会纪要〉的通知》（法〔2001〕8号）与2010年《最高人民法院关于审理非法集资刑事案件具体应用法律若干问题的解释》（法释〔2010〕18号）也已经对集资诈骗罪中的非法占有为目的的行为通过列举的方法进行了解释。

根据《刑法》第一百九十二条的规定，集资诈骗指的是以非法占有为目的，使用诈骗方法非法集资的行为。

根据法释〔2010〕18号第四条的规定，以非法占有为目的，使用诈骗方法实施本解释第二条规定所列行为的，应当依照刑法第一百九十二条的规定，以集资诈骗罪定罪处罚。

2.具体分析

（1）具体行为的认定

构成集资诈骗有三大要件：非法集资的具体行为、使用诈骗方法、非法占有为目的。

法释〔2010〕18号第四条列举了七种“以非法占有为目的”的行为及

116

一条兜底条款："(一)集资后不用于生产经营活动或者用于生产经营活动与筹集资金规模明显不成比例,致使集资款不能返还的;(二)肆意挥霍集资款,致使集资款不能返还的;(三)携带集资款逃匿的;(四)将集资款用于违法犯罪活动的;(五)抽逃、转移资金、隐匿财产,逃避返还资金的;(六)隐匿、销毁账目,或者搞假破产、假倒闭,逃避返还资金的;(七)拒不交代资金去向,逃避返还资金的;(八)其他可以认定非法占有目的的情形。"

从以上规定可以看出,非法占有的行为主要包括用途不当和逃避返还两类。结合本罪具体情形从特殊的角度来说,非法占有为目的就是指行为人没有回报投资者的意图,这是认定其非法占有的关键。

(2)数额的认定

根据法释〔2010〕18号第五条的规定:个人进行集资诈骗,数额在10万元以上的,应当认定为"数额较大";数额在30万元以上的,应当认定为"数额巨大";数额在100万元以上的,应当认定为"数额特别巨大"。

单位进行集资诈骗,数额在50万元以上的,应当认定为"数额较大";数额在150万元以上的,应当认定为"数额巨大";数额在500万元以上的,应当认定为"数额特别巨大"。

3.法律后果

根据《刑法》第一百九十二条的规定,以非法占有为目的,使用诈骗方法非法集资,数额较大的,处五年以下有期徒刑或者拘役,并处二万元以上二十万元以下罚金;数额巨大或者有其他严重情节的,处五年以上十年以下有期徒刑,并处五万元以上五十万元以下罚金;数额特别巨大或者有其他特别严重情节的,处十年以上有期徒刑或者无期徒刑,并处五万元以上五十万元以下罚金或者没收财产。

(三)风险提示

从以上案件中可以看出,集资诈骗罪通常以非法占有为目的,通过开展培训等活动对虚拟币投资项目进行虚假宣传,将投资人的资金骗到手后,想方设法将资金据为己有,或携款逃匿,或抽逃、转移资金,都将给广大投资者带来巨大的利益损失。

企业应当在法律法规规定的范围内开展经营活动。在区块链技术迅猛发展及其概念不断升温的当下,经营者应杜绝通过违法手段捞一票走人的心态。如果企业假借区块链概念,但项目无底层技术,只是通过网络宣传或大型培训会,欺骗投资人来获取大量资金的行为,虽手段简单,获得的利益丰厚,但终将受到法律的制裁。因此,为了企业及个人的长久发展,经营者应树立正确的经营理念,通过合法的经营手段来获取合法的利益。

四、非法吸收公众存款罪

（一）案例介绍

 案例 1

北京市第二中级人民法院
（2017）京 02 刑终 349 号

【基本案情】

被告人张某一、张某二、赵某，利用媒体、传单、推介会等形式宣传"华强币"项目。通过 NC 财务系统和基于 U8 平台开发的合同系统对企业进行网络维护，以电商平台为基础，打造数字货币"华强币"，开展以"股权众筹"和"债权众筹"为主的两大业务。

"股权众筹"项目通过与参加者签订协议，要求参加者缴纳 1 万元以获取股东资格，并要求参加者继续发展下线，以发展下线的人员数量及层级作为返利依据。截至案发前，参加"股权众筹"的人员数量达 400 余人，且已形成 3 个以上层级，缴纳传销资金累计达人民币 400 余万元。"债权众筹"项目通过向社会公开宣传,承诺在一定期限内还本付息,并与客户签订协议,吸收公众资金共计人民币 300 余万元。

【法院观点】

被告人张某一、张某二、赵某无视国法,以"股权众筹"的名义,要求参加者以缴纳费用的方式获得加入资格,并按照一定顺序组成层级,直接或间接以发展人员的数量作为返利依据,引诱参加者继续发展他人,从中获取利益。其行为已经构成组织、领导传销活动罪,且情节严重,应依法予以惩处。三被告人还以"债权众筹"的名义,在未取得相关资质的情况下,通过媒体、推介会、传单等途径向社会不特定人员公开宣传,并承诺在一定期限内还本付息,以吸收社会公众资金,扰乱金融秩序,其行为已构成非法吸收公众存款罪,且数额巨大,应与三人所犯组织、领导传销活动罪数罪并罚。

 案例 2

义乌市人民法院

(2017)浙 0782 刑初 1588 号

【基本案情】

被告人倪某以投资虚拟货币为名,非法吸引集资参与人投资万某、利某、云某、威尔币、华人 3M 等项目,最终导致 82 名投资人数百万元人民币的亏损,检察机关以非法吸收公众存款罪对其提起公诉。被告人倪某认为虚拟货币的投资目前没有法律明确禁止,是受法律保护的,且投资人均为主动跟投。在其投资项目初创时期,仅开展过一次虚拟货币讲课,不存在发展下线的行为,也从未许诺过高投资、高回报,不存在非法吸收他人存款的目的。

【法院观点】

法院认为,在案证据足以证明被告人倪某受利益驱使以投资万某、利某等虚拟货币的形式,通过授课宣传、口头宣传、提供账号、提供 POS 机刷卡转账等方式,帮助他人向社会不特定人员公开吸收资金,其行为已构成非法吸收公众存款罪,鉴于其在共同犯罪中起次要、辅助作用,系从犯,依法应当减轻处罚,判决有期徒刑一年六个月并处罚金,追缴倪某违法所得人民币一百万余元。

(二)罪名分析

1.具体分析

(1)行为认定

根据法释〔2010〕18 号第二条的规定,实施下列行为之一,符合其第一条第一款规定的条件的,以非法吸收公众存款罪定罪处罚:……(四)不具有销售商品、提供服务的真实内容或者不以销售商品、提供服务为主要目的,以商品回购、寄存代售等方式非法吸收资金的;(五)不具有发行股票、债券的真实内容,以虚假转让股权、发售虚构债券等方式非法吸收资金的;(六)不具有募集基金的真实内容,以假借境外基金、发售虚构基金等方式非法吸收资金的;(七)不具有销售保险的真实内容,以假冒保险公司、伪造保险单据等方式非法吸收资金的;(八)以投资入股的方式非法吸收资金的;(九)以委托理财的方式非法吸收资金的;(十)利用民间"会"、"社"等组织非法吸收资金的;(十一)其他非法吸收资金的行为。

(2)数额的认定

根据法释〔2010〕18号第三条的规定,具有下列情形之一的,应当依法追究刑事责任:(一)个人非法吸收或者变相吸收公众存款,数额在20万元以上的,单位非法吸收或者变相吸收公众存款,数额在100万元以上的;(二)个人非法吸收或者变相吸收公众存款对象30人以上的,单位非法吸收或者变相吸收公众存款对象150人以上的;(三)个人非法吸收或者变相吸收公众存款,给存款人造成直接经济损失数额在10万元以上的,单位非法吸收或者变相吸收公众存款,给存款人造成直接经济损失数额在50万元以上的;(四)造成恶劣社会影响或者其他严重后果的。

根据法释〔2010〕18号第三条的规定,具有下列情形之一的,属于"数额巨大或者有其他严重情节":(一)个人非法吸收或者变相吸收公众存款,数额在100万元以上的,单位非法吸收或者变相吸收公众存款,数额在500万元以上的;(二)个人非法吸收或者变相吸收公众存款对象100

人以上的,单位非法吸收或者变相吸收公众存款对象 500 人以上的;
(三)个人非法吸收或者变相吸收公众存款,给存款人造成直接经济损失
数额在 50 万元以上的,单位非法吸收或者变相吸收公众存款,给存款人
造成直接经济损失数额在 250 万元以上的;(四)造成特别恶劣社会影响
或者其他特别严重后果的。

2.法律后果

根据《刑法》第一百七十六条的规定,非法吸收公众存款或者变相吸
收公众存款,扰乱金融秩序的,处三年以下有期徒刑或者拘役,并处或者
单处二万元以上二十万元以下罚金;数额巨大或者有其他严重情节的,处
三年以上十年以下有期徒刑,并处五万元以上五十万元以下罚金。

单位犯前款罪的,对单位判处罚金,并对其直接负责的主管人员和其
他直接责任人员,依照前款的规定处罚。

3.与非法集资的区别

非法吸收公众存款罪指的是违反国家现行金融管理法规,非法吸收
公众存款或者变相吸收公众存款的行为。从两者的联系上来看,非法吸
收公众存款也是一种非法集资行为,但这两者也存在着几点区别。

(1)犯罪的目的不同。集资诈骗罪的犯罪目的是非法占有集资款,集
资诈骗行为人将资金骗到手后,会想方设法将资金据为己有。而非法吸
收公众存款罪的目的一般不是占有公众存款本身,而是占有公众存款所

产生的利益,即赚取利息差。非法吸收公众存款行为人对所吸收存款的用途、去向一般比较清楚,造成"存款"损失往往出于行为人意志以外的原因。根据《刑法》规定,如若构成非法集资,并在集资过程中采取了欺诈的方法,但在主观上并不存在非法占有的目的,只能构成非法吸收公众存款罪。

(2)行为方式和对象不同。集资诈骗罪表现为使用诈骗手段,向社会公众非法集资,其对象可能是社会公众,也可能是特定群众或特定的少数人。而非法吸收公众存款罪虽然在吸收公众存款的主体资格、条件上往往存在弄虚作假的行为,但一般不使用诈骗手段,其吸纳存款的对象是社会公众即不特定的多数人。

(3)犯罪客体上也有所不同。集资诈骗罪不仅扰乱国家依法管理所形成的金融秩序,还侵犯了公私财产所有权,而非法吸收公众存款罪的客体仅是国家依法管理所形成的金融秩序。这也是非法吸收公众存款罪在法定刑上低于集资诈骗罪的原因之一。但是,集资诈骗罪与非法吸收公众存款罪之间并不是没有转换的可能。非法吸收公众存款的目的是牟取利益,但随着吸收存款的增多,规模的扩大,对存款运用不得当,导致非法经营已无法继续,行为人也可能产生占有存款的故意,那么对其就应以集资诈骗罪定罪处罚。

(三)风险提示

从以上案例及分析中可以看出,以区块链为依托的犯罪行为通常涉及几个罪名数罪并罚,常见的即为以上提及的几个罪名。从分析中也可以看出,集资诈骗罪与非法吸收公众存款罪最大的区别就在于是否在一开始即想将资金据为己有,在主观上是否有非法占有的目的。虽然非法吸收公众存款罪在刑法量刑上低于集资诈骗罪,但两者都是违反现行法律法规的行为,企业经营者应树立正确的经营意识,杜绝通过非法手段获取利益的行为,同时也应审慎开展相关业务,利用并保护好投资人的资产,以防出现因亏损而不能继续经营、最终侵害投资人利益、构成犯罪的可能。

五、其他可能涉及的罪名

除以上重点介绍的刑事罪名以外,随着区块链技术运用的不断发展、扩大与完善,主要用于筹集资金获取利益的方式就是代币发行融资,常见的称谓即 ICO,与股票初次公开发行(IPO)意思接近。但 ICO 具有门槛低、期限短、获利高,并且缺乏相关法律法规的规制的特点,因而存在着初创项目失败、卷款跑路以及监管阻碍等可能性,产生了极大的投资风险。

现阶段七部门已明确任何组织和个人不得非法从事代币发行融资活动,各类代币发行融资活动应当立即停止。因此,企业经营者了解相关规定后,应谨防企业及自身行为违反相关法律法规的规定,并做好合规预防工作。

（一）擅自发行股票、公司、企业债券罪

1.相关法条

根据《刑法》第一百七十九条的规定：未经国家有关主管部门批准，擅自发行股票或者公司、企业债券，数额巨大、后果严重或者有其他严重情节的，处五年以下有期徒刑或者拘役，并处或者单处非法募集资金金额百分之一以上百分之五以下罚金。

单位犯前款罪的，对单位判处罚金，并对其直接负责的主管人员和其他直接责任人员，处五年以下有期徒刑或者拘役。

2.具体分析

（1）虚拟币是否可被认为是股票或债券？

根据《中华人民共和国公司法》（以下简称《公司法》）第一百二十五条的规定："公司的股份采取股票的形式。股票是公司签发的证明股东所持有股份的凭证。"从字面上理解，股票是股东持有股份的一种证明。而ICO中所指的币，并不具有类似的功能，因此很难将之定义为"股票"。

根据《公司法》第一百五十三条的规定："本法所称公司债券，是指公司依照法定程序发行、约定在一定期限还本付息的有价证券。"从字面上理解，债券的特点之一即为还本付息，是一种约定在一定期间内偿还本金、给付利息的凭证。

虽然违法 ICO 发售给广大持币人的虚拟币,从广义上讲也是债券的一种,但并不是严格意义上的还本付息,而是一种浮动的基于区块链团队发展和交易所炒作各方作用的收益,因此也很难将虚拟币定义为"债券"。

(2)是否可以适用《证券法》?

根据《证券法》第二条的规定:"在中华人民共和国境内,股票、公司债券和国务院依法认定的其他证券的发行和交易,适用本法;本法未规定的,适用《中华人民共和国公司法》和其他法律、行政法规的规定。政府债券、证券投资基金份额的上市交易,适用本法;其他法律、行政法规另有规定的,适用其规定。证券衍生品种发行、交易的管理办法,由国务院依照本法的原则规定。"从以上定义也可以看出,只有在我国境内被法律法规所认可的股票、债券、基金份额、衍生品才能适用《证券法》及其相关规定,虚拟货币不属于被法律法规所认可的流通交易产品的类型。

2017 年 7 月 25 日,美国证券交易委员会(the U. S. Securities and Exchange Commission,SEC)根据 1934 年《证券交易法》第 21(a)条发布调查报告,基于实质重于形式的原则,对满足如下条件的代币认定为证券:①投资属于"货币"投资,"货币"形式不局限于法定货币,可以是有价值的出资,例如货物和服务,或者是其他价值交换形式;②投资于共同事业;③投资存在期待利益回报,回报不仅限于分红,也包含周期性回报,或者投资增值;④投资盈利与否完全取决于第三方的努力。按照 SEC 的标准,大部分 ICO 中发行的代币将被归属于证券的范畴。

目前我国未有明确的法律法规将虚拟币认定为证券,但是在实践中,区块链的融资过程与股权或债权融资具有一定的相似性,且发行方通常会赋予投资人一定的表决权、分红权、回购权等相关的权利或者承诺,因此通过扩大解释可能可以将虚拟货币认定为具备了"类似证券"的性质,具体的定义仍需后续法律的完善。

在七部门发布的《关于防范代币发行融资风险的公告》中,已经将代币发行定义为未经批准的非法公开融资行为。若将虚拟币认定为证券,在未经法定许可的情况下进入交易所流通,即属于"未经许可公开发行证券",应受到《证券法》的约束,同时,根据《证券法》第二百三十一条的规定,发行行为构成犯罪的,依法追究刑事责任,对应的即为《刑法》第一百六十条、第一百七十九条。

(3)立案标准

根据《最高人民检察院、公安部关于公安机关管辖的刑事案件立案追诉标准的规定(二)》第三十四条的规定,未经国家有关主管部门批准,擅自发行股票或者公司、企业债券,涉嫌下列情形之一的,应予立案追诉。

(一)发行数额在五十万元以上;

(二)虽未达到上述数额标准,但擅自发行致使三十人以上的投资者购买了股票或者公司、企业债券的;

(三)不能及时清偿或者清退的;

(四)其他后果严重或者有其他严重情节的情形。

从以上条款可以看出,发行数额50万元或投资者达到30人以上,是构成本罪的数量门槛。

(二)欺诈发行股票、债券罪

未经国家有关主管部门的批准和允许,擅自进行ICO的融资行为将构成擅自发行股票或公司、企业债券罪,而若在发行过程中,为完成融资,明知自己所制作的产品说明书、认股书、募集办法等不是对本公司状况或本次股票、债券、虚拟币发行状况的真实、准确、完整反映,仍然积极为之的,将同时构成欺诈发行股票、债券罪。

1.相关法条

根据《刑法》第一百六十条的规定:在招股说明书、认股书、公司、企业债券募集办法中隐瞒重要事实或者编造重大虚假内容,发行股票或者公司、企业债券,数额巨大、后果严重或者有其他严重情节的,处五年以下有期徒刑或者拘役,并处或者单处非法募集资金金额百分之一以上百分之五以下罚金。

单位犯前款罪的,对单位判处罚金,并对其直接负责的主管人员和其他直接责任人员,处五年以下有期徒刑或者拘役。

2. 立案标准

根据《最高人民检察院、公安部关于公安机关管辖的刑事案件立案追诉标准的规定(二)》第五条的规定,在招股说明书、认股书、公司、企业债券募集办法中隐瞒重要事实或者编造重大虚假内容,发行股票或者公司、企业债券,涉嫌下列情形之一的,应予立案追诉。

(一)发行数额在五百万元以上的;

(二)伪造、变造国家机关公文、有效证明文件或者相关凭证、单据的;

(三)利用募集的资金进行违法活动的;

(四)转移或者隐瞒所募集资金的;

(五)其他后果严重或者有其他严重情节的情形。

以上两个罪名以单位犯罪为主,并根据实际情况对其直接负责的主管人员和其他直接负责人员判处相应刑罚。两者罪名侵犯的客体不同,前者侵犯的是国家对证券市场的管理制度,后者侵犯的是公司、企业的管理秩序。在目前法律禁止 ICO 的情况下,企业经营者应谨慎开展相关业务,并杜绝虚假宣传、虚假陈述等行为,否则将可能涉嫌构成以上两个罪名。

第五章

投资者参与区块链项目之法律风险防范

随着互联网的快速发展,区块链技术悄然兴起,以比特币、以太币等为代表的一系列依托区块链技术的投融资项目已经风靡全球。与此同时,区块链技术也正在被运用于金融、教育、文化、版权等诸多领域,凭借其独特的科技属性逐步改变着现代信息技术的运用体系。鉴于此,区块链项目受到了广大投资者的青睐,被誉为 21 世纪初的投资蓝海,而面对席卷而来的区块链投资热潮,笔者希望通过律师的专业视角,为投资者号脉问诊,梳理相关的投资法律风险。

一、区块链项目投资协议法律风险防范

与其他投资项目不同,区块链项目的开发和运营涉及计算机、互联网等信息技术与其他领域的结合,再加上白皮书中高大上的宣传,其中描绘的项目前景和可观的投资收益往往让人心生向往。诚然,区块链技术对于芸芸众生而言既是一个新鲜事物,同时也是一项复杂的科技成果,而非简单的诸如"挖矿""比特币"之类的概念。若准备投资区块链项目,签订投资协议,我们就需要剥去宣传资料中所有鲜亮华丽的外衣,洞穿每一项条款背后所包含的法律关系和权利义务。诚然,投资者在大多数情况下不直接参与投资协议的起草,但却有必要在签订协议之前对其进行详尽的法律审查,对项目本身进行最后的尽职调查,防范法律风险。

（一）明确的合同相对方

作为投资者，无论是甲方还是乙方，拿到一纸协议（通常是对方起草好的格式合同），首先应当明确的问题是交易对象，即合同的相对方是谁，也就是合同"跟谁签"的问题。一种情况是，投资者直接与项目公司签订投资协议，将款项直接支付给项目公司；另一种情况是，投资者与项目的资金运作方签订投资协议，运作方完成融资后再以自己名义向项目公司投资，投资者间接取得项目公司的收益权。

从律师的专业角度来看，投资者有必要甚至应当在决定投资之前对合同相对方（或项目公司）进行全方位的尽职调查。当然，鉴于投资者的合同地位，在不具备相关专业知识及法律背景知识的前提下完全掌握对方的信息显然是不现实的，但可以通过以下方式了解合同相对方的一些基本情况，如登录"国家企业信用信息公示系统"（http://www.gsxt.gov.cn/index.html）、"信用××"（例如"信用浙江"，http://www.zjcredit.gov.cn/）、"企查查"（APP）、"天眼查"（APP）等工具，查询了解相关主体的基本情况。

第一，查询合同相对方（项目公司）的登记状态。面对一份投资协议，投资者应当首先明确自己的合作伙伴是否真实存在或是否存在瑕疵，这直接决定其能否直接承担合同中的权利义务。如"国家企业信用信息公示系统"中载明公司的登记状态为"存续"，则说明该主体起码在外观上表现为真实存在且正常经营；如处于"注销""吊销"状态或查无此公司，则不宜签约。

第二，查询合同相对方（项目公司）的股权结构。股权结构是一个公司的核心外观，通过股权结构不仅可以直观地了解每个股东的持股比例，从而判定股东会的权利架构，还可以向上逐级查询每个股东的基本信息（如果股东是公司），了解该公司的大致实力（如资金、技术等），对比工商登记内容是否与白皮书中介绍的情况一致，是否存在隐瞒、欺诈等不实宣传的情形。

第三，查询合同相对方（项目公司）的经营范围。如投资对象是项目公司，则应当了解该主体的经营范围中是否包含了计算机技术、互联网、金融、版权等与某一区块链项目有关的内容。如投资对象是资金运作方，除了核对经营范围，还应考察对方的融资模式，例如设立私募投资基金，投资者可登录"中国证券投资基金业协会"（http://www.amac.org.cn/）网站查询该基金的备案情况。

第四，查询项目公司的知识产权和证照资质情况。作为区块链项目的开发主体，项目公司除了需要组建自己的核心开发团队，更需要核心技术或专利予以支撑，投资者可就相关信息事先通过项目推介会或白皮书进行了解，而后再通过上述网站或查询工具有针对性地进行核实。如需查询与区块链项目开发、运营有关的资质及证照信息的，可以通过相关政府主管部门网站进行核实。

第五，查询合同相对方（项目公司）的涉诉情况。站在投资者视角，投资的主要法律风险在于结束后能否顺利收回本金及红利，尤其是在投资市场忽冷忽热的今天，区块链技术作为一个新生事物，是否像 P2P 平台那样存在爆雷的可能。所以，投资者有必要在投资前学习区块链技术的基本知识，了解市场行情，关注行业新闻。至于投资的合同相对方或项目公司是否存在涉诉（被告）次数较多或被列入失信被执行人的情况，投资者可以通过登录"中国裁判文书网"（http://wenshu.court.gov.cn/）和"中国执行信息公开网"（http://zxgk.court.gov.cn/）进行查询。

（二）明确的投资内容

一份标准、完整的投资协议，就是一份详细的游戏规则，投资者作为"玩家"，通过对投资协议的审查，了解投资项目的核心内容，就是"玩什么"和"怎么玩"的问题。

第一，玩什么？就是项目的投资标的是什么，此处应当对照白皮书的内容进行详细审查。

在区块链项目的开发和运作机制尚不成熟的今天，白皮书作为商业说明书即项目广告，为了尽可能吸引投资，不排除会在宣传中使用相对乐观的表述和过于夸张的修辞手法，甚至利用隐瞒或欺诈等不法手段，故需要投资者在审查时仔细甄别。

根据标的不同，区块链项目投资大致可以分为两类：一类是区块链技术开发项目投资，是项目方依托区块链"去中心化""时间戳""智能合约"等底层技术，与其他行业领域进行技术融合，开发出新的技术成果并投入市场运营，是为"技术流"；另一类是利用区块链融资项目，其主要的运作方式是项目方通过发行代币向投资者进行融资，投资者持有该代币后可在特定的平台上进行交易变现,或者购买相应的商品或服务,是为"资金流"。由于第二类投资项目主要靠资金运作,技术门槛较低,前期因缺少政府监管,导致投资市场鱼龙混杂,不少项目有名无实,甚至直接假借ICO圈钱。2017年9月4日,中国人民银行、中央网信办、工业和信息化部、工商总局、银监会、证监会、保监会等七部门发布的《关于防范代币发行融资风险的公告》禁止了中国境内的区块链融资,规定"代币发行融资是指融资主体通过代币的违规发售、流通,向投资者筹集比特币、以太币等所谓'虚拟货币',本质上是一种未经批准非法公开融资的行为,涉嫌非法发售代币票券、非法发行证券以及非法集资、金融诈骗、传销等违法犯罪活动"。但是在某些境外司法区域区块链融资是合法的。为了保证投资者的利益,建议投资者在投资前甄别投资标的,如希望在境外投资区块链融资项目的,应当事先了解当地的法律规定和投资环境。

在白皮书中,除了投资标的本身,还有一块可以给项目锦上添花的重要内容是项目团队。通常情况下,一份白皮书的第一部分是"团队介绍",作者会在这一章节为投资者展示一个庞大的团队,无论从人员数量、教育背景、专业能力、从业经验、行业成绩的哪一个方面来看,都是绝对优秀且不可置疑的。项目方打造金牌团队,无非是希望借此扩大项目的影响力和吸引力。然而,理性的投资者会对照白皮书中的宣传内容逐一审查团队成员的真实情况,例如人员构成是否真实、人物介绍是否真实、是否确为本项目团队成员,等等。在协议或其他法律文书没有明确约定的情况下,我们有权持合理的怀疑,并希望得到相应的保证。

第二,怎么玩?投资者通常更关心游戏规则的问题,因为这是决定投资收益的核心内容。

首先,协议应当明确项目的投资形式。也就是说投资者的钱在项目中该怎么投,投资款是转化为"股权"还是"债权"。如系股权投资,投资者因投资行为成为公司股东后,根据《公司法》和公司章程的规定,行使股东权利,履行股东义务。在此提请投资者注意的是,投资者在入股前应对目标公司进行必要的法律和财务尽职调查,签订协议前应审查是否具备了与"股东合作协议""股权转让协议""增资扩股协议"等类似的基本条款和内容,明确付款条件、股权获得基准日等关键问题,并确保付款后顺利完成相应的工商变更登记。如系债权投资,投资者根据投资本金及项目运作情况获得投资收益,此类情况下,多由资金运营方与投资者签订协议,如采用私募投资基金的方式,投资者应事先通过登录"中国证券投资基金业协会"网站查询基金的备案情况,切勿盲目投资。

其次,协议应当明确项目的运作方式。近年来,区块链技术发展迅速,得以与金融服务、医疗健康、知识产权、教育文化、物联网、共享经济、通信技术、社会管理、慈善公益、影视娱乐等诸多领域的技术进行结合,项目的开发和运作模式复杂多样。因此不仅需要投资者能够读懂白皮书中描述的交易架构,更需要在投资协议中通过重要条款对其运作模式予以明确。如浙商银行发行的银行间市场首张基于区块链的企业应收款ABN(Asset-Backed Medium-term Notes,资产支持中期票据)——浙商链融,其底层支撑平台"应收款链平台"于2017年3月上线,这一项目旨在帮助企业解决应收账款盘活问题,加快资金周转。该项目的交易结构为,交易的发起机构代理人按照国内现行的有关法律及规章,将其代理的委托人合法所有且符合本交易信托合同约定标准的应收账款债权作为基础资产,采用特殊目的信托载体机制,通过信托公司设立企业应收账款票据信托。信托公司以受托的基础资产为支持在全国银行间债权市场发行资产支持票据,投资者通过购买并持有该票据取得该信托项下的信托受益权。区块链技术在该项目中的运用在于:(1)去中心化地实现了企业的唯一签名,在区块链上密钥一经生成后不能更改,银行等任何第三方均无法篡改应收款交易信息,最大程度保证应收款信息安全;(2)分布式记账技术记录应收款信息,改变传统应收款依赖于纸质或电子数据,从技术上排除了数据被篡改、伪造的各种可能;(3)智能合约技术可保证应收款各类交易根据智能合约规则自动、无条件履约。

再次,协议应当明确项目的分配方案。不论何种投资项目,获得收益始终是投资的原动力。以某区块链融资项目白皮书中的"分配方案"为例,其中规定:"(1)20％的×币分配给项目创始团队和早期贡献者;(2)10％的×币分配给私募投资者,募集约等值××元人民币;(3)40％的×币用于公募发行,预计筹集等值约××元人民币;(4)10％的×币作为基金会的日常运营支出,以奖励社区卓越贡献者和早期应用的开发者;(5)20％的×币通过生态激励产生,主要用于奖励那些对于项目生态繁荣做出正向贡献的行为。"显然,这样的分配方案,在落实到投资协议的时候,应当采用更加严谨、详细、完整的表述,不仅应当明确"创始团队""早期贡献者"的详细名单,还需要对具体的结算方式、付款时间、付款条件、付款形式等事宜进行明确约定。另外,鉴于我国禁止区块链融资项目,故凡涉及直接或间接发行代币的融资行为都是违法行为,可能涉嫌非法发售代币票券、非法发行证券以及非法集资、金融诈骗、传销等违法犯罪活动,由此所产生的投资收益亦无法得到法律的保护。而至于投资者利用国外交易平台投资代币的行为,虽然美国、日本、新加坡等国承认比特币、以太币等代币的合法地位,但相关法律制度和政府监管尚有待完善,且国外维权成本高,难度大,不确定因素多,导致投资风险仍然很高。因此,投资者在阅读白皮书和投资协议时应当对投资收益的来源、结算、分配等条款的理解与适用予以审慎注意,避免因对项目前景及收益过分乐观而忽视了可能存在的法律风险。

最后,协议应当明确退出机制。 标准的项目运作和协议安排是确保投资者可以保本保息地安全退出。因此,如项目是股权投资,则后期一般采用股权转让、股权回购、IPO、公司解散清算等方式退出;对于债权投资而言,需根据项目情况确定一个具体退出时间,项目完成即进行清算,由运营方根据项目运营期间所获得的收益在扣除各类成本后参考投资者的比例进行结算分配。区块链项目虽然是目前众多投资者纷纷追捧的投资热门,但项目开发对技术要求和团队要求较高,且当前区块链投资市场尚不规范,项目质量参差不齐,故导致项目开发的风险仍然较高。为了避免投资者长期陷于项目难以解套,需要根据项目进度在投资协议中对退出时间及方式予以明确且所耗时间不宜过长。

(三)对等的权利义务和违约责任

投资协议是一个完整的逻辑整体,其中"权利义务"条款和"违约责

任"条款既相互独立,又相互依存,二者之间构成因果关系,未按约定行使
权利或履行义务的行为构成违约,当事人需要承担相应的违约责任。根
据《合同法》的一般原则,协议双方具有平等的合同地位,但实践中往往难
以实现。如果投资者是"散户",在没有更多发言权的情况下,往往只能被
动接受合同相对方提供的格式文本,而这类合同中很可能含有所谓的"霸
王条款",例如约定了投资者的诸多义务而较少甚至没有约定应当享有的
权利,或是过分强调投资者的违约责任,而对己方违约情形及责任承担约
定得含糊不清甚至不约定,这对于投资者而言显然是不公平、不对等的。

虽然《合同法》规定"对格式条款有两种以上解释的,应当作出不利
于提供格式条款一方的解释",但是区块链技术的投资项目在相关的法
律和制度尚未健全的情况下,较传统项目而言,投资者仍然需要承担更
大的合同风险,抑或面临投资陷阱。因此,我们有理由出于保护资金安
全和维护投资权益的考虑参与协议条款的设计,要求合同相对方对双
方的权利义务和违约责任进行适当修订,以平衡各方利益,降低投资者
的投资风险。

二、区块链项目白皮书阅读指南

白皮书是一份权威性的报告或指南,简明扼要地向读者介绍一个复
杂的问题,并就此问题提出发布机构的理念。它旨在帮助读者理解问题、
解决问题或做出决定。

对于早期的区块链项目而言,主要是通过公开众筹的方式来募集项

目资金、吸引投资者。故为了让投资者更了解支持该项目,需要出具一份正式的官方文书,类似于一个项目的商业融资计划书,代表项目官方向市场展示发展前景、商业模式、技术实力、团队能力等信息。

一份完整的区块链白皮书,应该包括但不限于项目简介、发起背景、团队概况、产品分析、融资方案、市场竞争、上线规划、风险提示等内容。

(一)从商业的角度,投资者通常从下列维度来关注白皮书

1.行业背景及市场前景

区块链的去中心化、不可篡改性、隐私保护性的特点,使得该技术及技术的运用具有降低成本、提高效率、增强安全等天然优势。

该项目有无竞争力,主要看三个方面:第一,是否针对性解决行业痛点;第二,市场上是否已有较多同类项目;第三,相比类似项目有无显著特点。

区块链技术应用于某一行业,首先解决的就是这个行业当下的痛点。通过对痛点的分析阐述,或告知投资者本项目的技术可以改变行业面临的技术限制,提高效率;或直接颠覆行业的原体制,实现产业的升级。若白皮书无该部分内容,投资者无法得知项目团队对技术的选择和应用状况,则该项目存在的意义堪忧。

2.创新性

以区块链技术第一个成功应用——比特币为例。比特币的本质是一个纯粹的点对点电子现金系统,它使得在线支付的双方无须经过任何金融机构即可完成交易。在整个过程中,每一笔交易都会被加盖一个时间戳,并且将这些带有时间戳的交易串联起来并入一个不断延展的基于哈希算法的工作量证明的链条成为交易记录。这些交易记录一旦形成就无法更改,除非重新完成之前的所有工作量证明、共识机制等。

非对称加密和分布式存储确保了比特币的不可篡改性,工作量证明、共识机制、最长链机制保证了比特币的不可伪造性,UXTO 结构可以追溯每一枚比特币的前世今生,造就了比特币不可伪造的特性,这就是技术上的创新性。

真正化解行业痛点的不是对区块链技术的生搬硬套,而是用创新技术去解决痛点。一个项目的存在价值越大,投资者的投资价值就越高。

3.项目进度

一方面,以项目的结构框架为例。当下项目应用的区块链底层架构和目前的互联网是不匹配的,大部分应用搭建前都需要搭建底层公链,实现分布式、不可篡改、点对点等特性。若待投资的项目不在现有的公链上搭建应用层,则必须有自己重建的公链,若无,则项目的进度问题,甚至是否为区块链项目都值得深思。

另一方面,根据德勒从 GitHub 上爬取的数据,截至 2017 年 10 月,全球网络上共有 9 万个区块链项目,如今,仅有 8% 的项目有人维护,5% 的项目被复制存活下来,项目平均寿命仅为 1.22 年。

"靠谱"的区块链项目都会有较为明确的工作进度表及发展路线图,项目进度会被写入白皮书中。综上,了解项目进度,选择合适进度的项目至关重要。

4. 项目团队

从第三方平台数据得知,2017 年中国有 587 家以区块链命名的公司,而到 2018 年 9 月 3 日,则有 3710 家区块链企业,是去年全年的 6 倍多,并且超过 2014 年至 2016 年总数的 3 倍多。此外,区块链人才,一方面要有数学、密码学、经济学以及计算机的分布式共识知识基础;另一方面要具备去中心化思维、快速的学习能力以及实际的开发经验,这就对人才的学习能力、理解能力提出了更高的要求。区块链技术公司呈井喷式爆发及对技术人员的高要求,使得人才供需严重失衡,人才缺口严重。

人才的重要性,笔者不再赘述。上海、香港等各地政府已相继加入区块链人才争夺战。一个团队中的组成人员以及该团队的工作经历、行业经验是整个项目的核心。

5.募资计划

参考私募股权融资计划。一份完备的融资商业计划书的基本内容包括：

（一）融资商业计划书概要；（二）企业概况及其前景；（三）企业管理团队概况；（四）融资需求及相关说明；（五）风险因素；（六）投资回报与退出；（七）营运分析与预测；（八）财务报表。

其中,融资相关说明部分会详尽地列明以下内容。（1）融资的金额,即为保障项目实施,需要新增投资额的数量,新投资的各方需投入总额的介绍。（2）股权结构,目标公司在获得私募股权基金的资金后,股权结构上的变动情况,即现有股东持股数量、比例及私募股权基金投资后的持股数量、比例情况。（3）融资方式,介绍企业选择的融资工具及选择该融资工具的原因,并提供针对性方案及细节性的描述。如出售普通股,则应介绍普通股的类型,股份的价格,红利分配情况,股份赎回情况,股份对应的表决权情况等;若为股票期权,则每一期权合约包括四个要素:标的资产、行使价格、数量、行使期限;若出售可转债,应明确债权的期限、利率以及转换为股份的价格和比例。（4）融资担保和抵押。担保方面分个人担保和企业担保,个人担保的个人通常是法定代表人或大股东,应提供个人资产证明;企业担保,则应该提供该企业的验资报告。抵押方面,若目标公司愿意提供抵押品,要依据动产或不动产的权属变动规则办理相应手续。（5）企业年报及经营报告,应承诺除了会向投资人公开工商行政部门要求的企业年报外,还需要向投资者承诺在获得私募股权基金的投资后打算向私募股权基金报告经营管理计划,如明确报告的时间和审计报告的频率,提供月度损益表、资产负债表。(6)资金安排计划表,向投资者介绍在获得私募股权基金的投资后的未来一段时期内对资金使用数量和对用途的详细规划。(7)其他,如融资过程中所产生的律师费、评估费、咨询费等费用的金额及支付方式。

结合以上信息,在白皮书中,项目方应该对代币的发行总量、流通量、私募比例及解禁周期、团队持有比例及解禁周期、市场推广比例等做出一个详细的规划,投资者需关注各个环节的代币占比和解禁时间。

(二)从法律的角度,投资者应关注如下几个问题

1. 交易主体

(1)发行方

2017 年 9 月 4 日,中国人民银行、中央网信办、工业和信息化部、工商总局、银监会、证监会、保监会联合发布《关于防范代币发行融资风险的公告》,公告要求如下。

一、准确认识代币发行融资活动的本质属性——是一种未经批准非法公开融资的行为,涉嫌非法发售代币票券、非法发行证券以及非法集资、金融诈骗、传销等违法犯罪活动;二、自公告

发布之日起,任何组织和个人不得非法从事代币发行融资活动,
已发行的做好清退工作;三、自公告发布之日起,一切代币融资
交易平台不得从事法定货币与代币、"虚拟货币"相互之间的兑
换业务,不得买卖或作为中央对手方买卖代币或"虚拟货币",不
得为代币或"虚拟货币"提供定价、信息中介等服务;四、各金融
机构和非银行支付机构不得开展与代币发行融资交易相关的
业务。

简言之,中国全面禁止代币的首次发行(ICO)。

所以在审阅白皮书时要关注发行方:发行方是谁,发行方的注册时间
及背景信息。如果发行方为境内公司或其他全面禁止 ICO 的国家如韩
国,则该白皮书的真伪性不言而喻。

(2)运营实体

根据中国信息通信研究院的调查,目前全球共有 1242 家公司活跃在
区块链产业生态中,美国、中国、英国区块链企业数量分列前三位。从行
业分类来看,从事代币相关技术与服务的公司数量最多(467 家,占比
37.60%),随后是区块链技术和软件平台研发公司(201 家,占比
16.18%)。公开资料显示,截至 2018 年 6 月我国区块链企业数量排名前
五的城市依次为北京、上海、深圳、杭州、广州,其中北京以 175 家区块链
企业排名第一。然而,以上只是目前存活下来的区块链企业。放眼全球,
已经存在很多开源的区块链平台,区块链技术的落地难度相对降低了很

多,但项目的推广等依旧困难重重。

要减少风险,必须足够了解项目的运营实体(主体),明白该主体与发行方的关系,项目运营有无法律和资金支持以及该主体的运营能力,以便项目更好地落地。

2.治理结构

公司治理结构包括"三会一层"即股东会、董事会、监事会和高级管理层。股东是公司的缔造者,股东会是权力机构,决定公司的重大事项;董事会是公司的决策机构,代表全体股东的利益并向全体股东负责;高级管理层是执行机构,总经理辖制的各部门是企业的"五脏六腑及肢体器官",由董事会聘请并向董事会负责;监事会是公司的"免疫力系统",由股东会选举产生,代表股东利益对董事和经理进行监督,保障公司健康运行。

公司治理结构是对公司进行管理和控制的体系,是现代企业制度的核心内容。三会一层的合理设计不仅对企业当下的绩效至关重要,对企业的长远发展也有着深远的影响。良好的公司治理可以促进企业的股权结构合理化,加强企业的内部控制,树立市场对企业的信心,提高企业竞争力,为企业吸引稳定的投资,从而实现企业的可持续发展。

一份完整的白皮书,会完整且详细地介绍项目的治理机构,如发行方的组织架构、决策机构、财务制度、技术管理以及定期披露机制。

3.代币发行方案

代币不是股权,更贴切的说法是,它是一个区块链生态里用于流通的货币。比如,常见的比特币、以太币都是代币。通常情况下,代币一经发行,便严格按照区块链代码执行,不受个人或机构控制。

用腾讯 QQ 和 Q 币作为一种类比。在 QQ 的生态中,Q 币可以用来购买 QQ 秀、黄钻、绿钻,为 QQ 游戏充值等 QQ 平台内服务,这与代币在区块链生态中扮演的角色类似。但是与 Q 币不同的是,腾讯可以无限量地发行 Q 币,而代币一旦发行,就不能随意更改发行量。

代币一旦发行交易后就有了价格,而价格会随着市场波动,这是它和股权的一大区别。投资者手里的股权可能要等 10 年之后才能变现,但代币在 10 分钟内就能变现。

对代币发行方案通常应当关注如下重点。

(1)发行方是否在白皮书中完整披露了代币的产生;

(2)发行方是否对代币的属性进行了明确的定义;

(3)代币的总量是否设置了上限及币种的精确度是多少;

(4)发行方是否在白皮书中完整披露了代币的分配方案(创始人团队、投资者、社区);

(5)创始团队分配的代币有无进行锁定。

因为代币的融资总量以及分配方涉案及前期代币的市值和价格,并且可以分析出项目团队对项目的信心,以及对社区、开发团队、运营团队、投资者的公平态度。

4.投资者权利

投融资法律实务中,为保护投资者的权利,投资条款的设计尤为重要。通常从如下几项权利着手。

(1)有关股权转让的权利

①股权转让中的优先受让权、优先出售权、跟随售股权

在被投资企业 IPO 前或投资者退出前,如果被投资企业的原有股东向第三方转让股份,在同等条件下,投资者有优先购买的权利。投资方也可同时设定享有选择优先出售或跟随售股的权利。

②强制拖售权

如果被投资企业在一个约定的期限内没有上市或原股东没有履行回购义务,投资者有权要求原有股东和自己一起向第三方转让股份,原有股东必须按投资者与第三方谈好的价格和条件并按与投资者在被投资企业中的股份比例向第三方转让股份。强制原有股东卖出股份的权利可以保障投资者在被投资企业无法如期上市时,有其他的退出途径。

(2)新股优先购买权

常见如下表述:(某优先股)股权持有人有认购最多与其持股比例相当的公司任何新发证券的优先认购权,且购买的价格、条款和条件应与其他潜在投资者相同。如果有(某优先股)股权持有人放弃其优先认购权,则其他(某优先股)股权持有人有权优选认购其放弃部分。

被投资企业新增资本时,投资者有权优先按照实缴的出资比例认缴出资。

（3）反稀释权

通常指创业公司将来发行新股的时候，如果新股的价格低于投资者投资时的认购价格，投资者有权将所持有的股票数量按照约定的方式（完全棘轮或加权平均）进行调整。

（4）一票否决权

在股东会或董事会层面，投资者或董事对若干重要事项有一票否决权，即该重要事项必须经过投资者（作为股东）或其指定的董事同意才可以实施。

（5）回购权

投资者要求创业公司同意其有权在投资完成一段时间之后要求公司按照其投资价款（加上一定比例的回报）回购其股份。如在交割后5年内无法上市，公司或创始人以个人财产对投资者股份按照其投资价款（加上一定比例的回报）进行回购。

（6）清算优先权

若发生清算事件，投资者可优先获得相当于其投资价款的一倍或数倍的偿付，若在投资者行使清算优先权之后，公司仍有剩余财产可分配，则剩余财产应当按照各股东持有的股份比例在各股东之间进行分配。

区块链项目的投资亦是一种最基本的投资，因此投资者应关注白皮书中是否包含以上投资者的特殊权利，特别是发行方对投资者承诺回购、退款和投资者出售代币的限制行为问题。

5.合规问题

(1)有无聘请法律顾问?

项目法律顾问能综合运用其掌握和积累的法律知识、实务技巧,结合项目的经营模式、财务状况、市场影响、行业特点等具体情况,透彻地分析和预防法律风险,权衡多种法律解决方案的优劣利弊,以项目利益最大化为出发点,在法律风险产生之前或萌芽状态,进行有效的识别、规避和化解,大大降低法律风险和纠纷处理的成本,有力地保障企业稳健、快速地发展。①

事前控制风险远比事后救济来的效果显著且意义重大。

(2)白皮书中是否包含法律声明及风险揭示部分?

我们通常会在白皮书的尾部看到如下两部分内容。

本文档只用于传达信息的用途,并不构成买卖项目股份或证券的相关意见。任何类似的提议或征价将在一个可信任的条款下,并在可应用的《证券法》和其他相关法律允许下进行,以上信息或分析不构成投资决策,或具体建议。

本文档不构成任何关于证券形式的投资建议、投资意向或教唆投资。本文档不组成也不理解为提供任何买卖行为,或任何邀请买卖任何形式证券的行为,也不是任何形式上的合约或者承诺。

---

① 张超魁,企业法律顾问在建筑施工企业中的作用,《河北企业》,2011 年 10 月 20 日。

以上为免责申明。

数字资产投资作为一种新的投资模式,存在各种不同的风险,潜在投资者需谨慎评估投资风险及自身的风险承受能力。

销售市场风险:由于代币销售市场环境与整个代币市场形势密不可分,如市场行情整体低迷,或存在其他不可控因素的影响,则可能造成即使相关产品本身具备良好的前景,但价格依然长期处于被低估的状态。

监管风险:由于区块链的发展尚处早期,包括我国在内全球政府都没有有关 ICO 过程中的前置要求、交易要求、信息披露要求、锁定要求等相关的法规文件,并且目前政策会如何实施尚不明朗,这些因素均可能对项目的投资与流动性产生不确定影响。而区块链技术已经成为世界上各个主要国家监管的主要对象,如果监管主体插手或施加影响则相关产品可能受其影响,例如使用限制、销售限制,这将阻碍甚至直接终止相关产品的应用和发展。

竞争风险:随着信息技术和移动互联网的发展,以比特币为代表的数字资产逐渐兴起,各类去中心化的应用持续涌现,行业内竞争日趋激烈。但随着其他应用平台的层出不穷和不断扩张,社区将面临持续的运营压力和一定的市场竞争风险。

以上是风险提示。

区块链的火热也带动了区块链周边产业的发展,区块链白皮书代写就是其中一门成熟产业。以"区块链白皮书"作为关键字在某网站进行搜索,会出现大量有区块链白皮书代写业务的商铺。更有许多代写机构宣称可以撰写区块链白皮书、代币开发、炒币系统模式开发、矿机系统模式开发、币币交易(交易大盘)系统开发、多币种虚拟币钱包开发,等等,可谓"无所不能"。

面对这种乱象,希望投资者可以通过本部分快速了解区块链项目、代币发行以及发行主体、项目团队等重要信息,对投资风险进行正确的评估。

三、ICO 项目风险评估指引

(一)关于 ICO

1.概念

ICO(Initial Coin Offering or Initial Crypto-Token Offering),是从代币及区块链行业衍生出的项目众筹概念。由区块链初创公司或项目开发方,通过发行数字加密货币筹集法定货币或主流数字货币来获得项目资金。

投资者基于代币的以下几个特征获取收益:一是区块链内置智能合约约束代币发行量,代币的发行总量固定;二是代币可以用于承担未来项目方开发应用程序、搭建区块链平台等的成本;三是发行后的代币可以在二级市场自由流通。当应用程序或区块链平台使用用户增加,将同时带动对代币的需求,在代币总量不变的情况下推高代币价格,投资者通过出售代币获得收益。①

2.分类

市场会根据 ICO 发行代币的不同法律特性，将 ICO 分成产品项目类 ICO、收益项目类 ICO、基金份额类 ICO 及股权项目类 ICO，参见表 5-1。

表 5-1　ICO 项目类型及案例

类别	特点	案例
产品项目类 ICO	投资者获取代币可以用于某种商品项目，是最常见的 ICO 形式。对应区块链系统中某种功能的未来使用权，不存在任何主体对该代币承担除使用功能质量保证之外的金钱性义务，即通常不存在经济主体承诺对其赎回、承兑或任何经济回报。	以太坊区块链上的以太币，代码 ETH；Daniel Larimer 团队的比特股，代码 BTS
收益项目类 ICO	投资者获取的代币代表一种获取收益的承诺，对应未来收益权凭证，可以获得定期或不定期的特定收益。	小蚁 ICO 项目发行的小蚁股
基金份额类 ICO	筹集资金用于投资而不是项目建设，对应标准化受益单位权利凭证，具有可赎回性。	The DAO 项目

---

① 伍旭川、郑蕾、管宇晶，ICO 的发展、风险与监管，《中国金融》，2017 年 9 月 16 日。

续表

类别	特点	案例
股权项目类 ICO	投资者持有的代币对应发行代币企业的股权,与收益项目类 ICO 类似,发行的代币不具有实质使用功能,区别在于其代表了公司股份,不属于去中心化项目,存在传统的实体公司承担相应责任。	"烤猫"矿机公司发行的染色币

3. ICO 与 IPO

IPO(Initial Public Offerings),中文为首次公开发行,是指股份公司首次向社会公众公开招股的发行方式。

ICO 与 IPO 无论是名称还是实际操作方式都非常相似,ICO 也常被称为一种类似 IPO 股票的募资手段。

一张表格看清两者主要差别,见表 5-2。

表 5-2　ICO 与 IPO 的差别

项目	ICO	IPO
阶段	概念期,通常是提供一份白皮书,一个项目团队或一个发展计划即可的阶段	满足一定要求的成熟企业

续表

项目	ICO	IPO
标的物	虚拟代币,项目软件系统的使用权	权利凭证,如股票
监管要求	尚待研究,多为自治管理。通常只需要提供一份白皮书供投资者参考、了解项目内容	有严格的法律和监管要求。必须发布招股说明书,代表公司向公众发行股票的法定声明,并且需要满足一定的透明度标准,如对财务、业务信息的披露
资金用途	项目本身的开发	公司长期的经营发展
参与方式	任何人只需要购买一定的代币,并把它们发送到一个钱包即可	大多数由投资银行等机构投资者认购,少数由个人认购
决策方式	发行的代币通常对项目无决策权	根据股份比例参与决策

4.监管的现状

当前,世界各国主要存在三种监管模式。

(1)全面禁止 ICO

①中国

2017 年 9 月 2 日,互联网金融风险专项整治工作领导小组办公室向各省市金融办(局),发布了《关于对代币发行融资开展清理整顿工作的通知》(整治办函〔2017〕99号,通称"99号文")。针对ICO融资的清理整顿正式拉开帷幕,ICO监管从此开启。

2017年9月4日,中国人民银行、中央网信办、工业和信息化部、工商总局、银监会、证监会、保监会联合发布《关于防范代币发行融资风险的公告》。该公告正式宣告了ICO业务在我国被监管部门明确禁止。

②韩国

2017年9月3日,韩国政府首要金融监管机构韩国金融服务委员会(FSC)公布了对数字资产监管的施行方案,方案宣布正加紧对代币的监管,加强用户认证流程,并对洗钱、非法融资及非法交易活动进行调查,对试图以ICO名义进行股权融资筹集资金的企业加大惩罚力度。

2017年9月29日,韩国金融服务委员会宣布禁止任何形式的ICO。

2018年1月12日,韩国法务部部长朴相基公开宣称:"代币有着极大隐患,司法部门正在酝酿一项法案,即禁止在国内通过交易所进行代币交易。"

(2)穿透监管ICO

①美国

基于2016年ICO融资1.5亿美元的The DAO项目受黑客攻击及大量以太币被盗事件影响,2017年7月25日,美国证券交易委员会(SEC)正式发布《关于ICO投资者风险教育及提示声明》,指出"《联邦证券法》的基本原则适用于使用区块链技术的虚拟组织或融资实体","数字化的价值工具和使用分布式账本、区块链技术而发行的产品,不能游走于《联邦证券法》之外",并声明The DAO的ICO项目代币构成一种证券,在SEC的监管范围内,需要符合《联邦证券法》的相关规定。[①] 简言之,SEC 明确表态 ICO 是一种证券发行行为,对其拥有监管权。在 SEC 的监管范围中,ICO 的市场参与者发行和出售证券需要在 SEC 注册,若无例外规定(不需要符合豁免情形),ICO 融资行为必须按照《联邦证券法》要求进行信息披露,并在 SEC 注册登记。无论发行主体是传统企业还是其他组织,无论发行方式是利用分布式账本技术、区块链技术还是传统方式,只要 ICO 代币被界定为有价证券,如没有例外情况,ICO 融资行为必须按照《联邦证券法》要求进行信息披露,在 SEC 注册登记等。此为 SEC 首次书面明确对 ICO 项目在一定条件下可以行使监管权,同时数字资产拥有证券属性并非没有可能。

②日本

2017 年 4 月 1 日,日本《关于数字货币交易业者的内阁府令》开始实施,明确规定从事代币买卖及交易业务的企业需向政府报备,相关 ICO 公司也需要按照规定加强信息披露。

根据日本相关新闻报道,2018 年 3 月日本金融厅发函警告了全球最大的虚拟货币交易场所之一"币安",以"币安"未在日本登记为出发点,进而对其 KYC、AML 等方面进行了综合评价,作出了警告。

---

① 曾燕妮、张浩,ICO 发展现状及其监管问题研究,《金融与经济》,2018 年 3 月 29 日。

（3）宽松监管 ICO

①瑞士

瑞士,一直以来对 ICO 持开放友好的态度,被公认为全球 ICO 中心之一。瑞士监管部门认为代币属于资产而非证券,因此发行代币的行为无须受到金融市场监管机构的批准与认可。

为了规范瑞士境内的 ICO 活动,金融监管机构 FINMA 于 2018 年 2 月 16 日发布文件,明确阐述瑞士法律在 ICO 领域的具体应用问题。首先,FINMA 认为没有必要制定新的监管法规。现有监管法规足以监管通证、代币或加密资产相关活动,这一点是基于所有民法管辖区域都承认的一个基础原则——法律类推,也就是说,如果新的案例具有可比性,则适用现有的法律解释。FINMA 会基于代币的用途以及所附权利来准确界定代币的类别,然后决定适用哪一类法律。其次,基于现有经验,FINMA 将代币主要分为三类:支付型代币、功能型代币、资产型代币。而在法律适用范围上,支付型代币受《反洗钱法规》监管,资产型代币受《瑞士证券法》监管。

②新加坡

新加坡和瑞士一样,都将代币定义为资产而非货币或证券。

据 CB Insights、Funderbeam 和 Crunchbase 的联合消息,美国 ICO 项目 57% 的融资来自包括新加坡在内的 5 个国家,分别是美国、瑞士、新加坡、加拿大和英国,新加坡成为全球第三大 ICO 枢纽。2017 年最引人注目的交易之一便是新加坡创业公司 TenX 的项目,这家公司当前已通过 TenX 项目的以太坊代币 PAY 筹集了 8000 万美元的资金。

但是,2017 年 8 月中旬之后,新加坡金融管理局(MAS)及商业事务局(CAD)发布联合声明,提醒公众留意 ICO 及代币投资风险。由此可见,新加坡对于 ICO 也逐步采取较为严格化的监管政策。

5.面临的风险

(1)投资风险

一方面,信息披露不规范。一来,对 ICO 项目的信息披露,我国有关部门尚未有准入性规定,项目的披露部分缺乏标准和要求。正规一点的 ICO 项目会设立专门的网站,有规范的白皮书来介绍项目前景、团队、目前的进展、后续的项目推进情况、需要的资金数额及资金的使用计划,但现在市面上存在的很多 ICO 项目的融资并未实现上述要求。二来,对于白皮书内容,缺乏专业的第三方机构进行调查和客观评价。目前白皮书是投资者了解项目的主要渠道,白皮书的内容直接决定了投资者的投资决策。但大多数投资者无从得知白皮书内容的真实性,也缺乏区块链项目的专业知识和经验,易导致盲目投资。

另一方面,投资门槛较低,缺乏健全的项目准入机制。目前 ICO 代币的发行主要通过项目自建网站或 ICO 项目平台开展。通过自建网站发行的 ICO 项目,几乎没有准入门槛,一些项目仅有概念性的想法,便来通过 ICO 项目筹集资金。通过项目平台发行的 ICO 项目,则主要由平台对 ICO 项目设置准入门槛。但当前项目平台对 ICO 项目的市场准入要求不健全,不同项目平台对 ICO 项目的评判标准不统一,对项目的评级体系也千差万别。以上这些因素导致市场上发行的 ICO 项目质量参差不齐,不同渠道发行的 ICO 项目类别差异巨大。[1]

（2）技术风险

区块链底层技术尚未成熟。ICO 项目主要通过分布式记账技术发行、传播数字代币,因此区块链各个节点都可以获得整个区块链的账本。如果区块链系统某个节点被黑客攻陷,用于存储 ICO 项目募集资金的全部账本信息就可能泄露和被窃取。

2016 年 6 月 17 日,攻击者利用智能合约存在的重大缺陷,对区块链市场中最大的众筹项目 The DAO 进行攻击,直接导致 300 多万以太币资产被分离出 The DAO 的资产池。该事件发生的最主要的原因在于 The DAO 编写的智能合约中有一个函数漏洞,攻击者通过该函数漏洞重复利用自己的项目资产不断从 The DAO 项目的资产池中分离项目资产给自己。此次攻击事件中,The DAO 系统漏洞被利用,直接导致了价值 6000 万美元的数字货币被盗窃者获取,在区块链历史上留下了沉重一笔。2016 年 8 月,Bitfinex(全球最大的数字资产交易平台之一)被盗走了价值超过 6000 万美元的比特币。2017 年 4 月,韩国比特币交易平台 Yapizon 成为黑客攻击的最新受害者,该交易所的员工在社交媒体上发布通知,确认有 3831 比特币被盗,市场价值约合 500 万美元。[2]

---

① 王俊生、李丽丽、颜拥、赵微、徐彧,区块链技术应用的安全与监管问题,《计算机科学》,2018 年 6 月 15 日。

② 王俊生、李丽丽、颜拥、赵微、徐彧,区块链技术应用的安全与监管问题,《计算机科学》,2018 年 6 月 15 日。

从以上列举的已暴发风险事件可以看出，目前市面上运行的区块链项目依旧会存在许多天然的技术瑕疵甚至是缺陷，例如交易系统、智能合约代码、记账系统等的漏洞，而这些风险隐患极易对金融市场的稳定造成冲击。

（3）法律风险

①代币或矿机的合法性问题：代币为不合法物

南京市江宁区人民法院于 2017 年 11 月 10 日作出的（2017）苏 0115 民初 15868 号判决中，法院认为，根据中国人民银行等部门发布的通知、公告，代币不是当局发行的货币，不具有法偿性和强制性等货币属性，并不是真正意义上的货币。公民投资和交易代币这种不合法物的行为虽系个人自由，但不能受到法律的保护，其行为造成的后果由投资者自行承担。换言之，前述判决认定代币为不合法物。

②网络传销

2018 年 1 月 19 日，公安部网站发布"全国公安机关、工商部门召开网络传销违法犯罪活动联合整治工作部署会"信息。根据部署会安排，公安部、国家工商总局决定对网络传销违法犯罪活动开展联合整治，在重点查处的四类网络传销活动中包括以"代币"等为幌子的网络传销活动。部署会明确指出，对于网络传销组织的核心成员、骨干分子、"职业化"参与人以及协助转移资金、提供网站设计和维护的违法犯罪人员，应依法严肃处理。

根据各地法院 2016 年、2017 年公开的和"代币"相关的判例，如（2017）粤 1403 刑初 29 号、（2017）川 0704 刑初 263 号、（2016）苏 0311 刑

初 16 号，法院均认定被告人构成组织、领导传销活动罪。

③企业经营过程中的其他刑事风险

ICO 在我国境内可能涉及欺诈发行股票、债券罪，非法吸收公众存款罪，擅自发行股票、公司、企业债券罪，集资诈骗罪，虚假广告罪等，详见本书"企业经营中的刑事法律风险"一章。

第六章

技术运用及监管的国际经验

一、日本

（一）数字货币规制背景

2014 年，日本数字货币界发生了一件大事，当时世界上规模最大的比特币交易平台 MTGOX 公司（被戏称为"门头沟"公司）突然宣布破产，理由是其系统漏洞遭到黑客攻击，平台上 85 万个比特币不翼而飞（当时 1 个比特币价值约为 575 美元，总体市值 4.8 亿美元）。随后查明，MTGOX 公司的自有资金和比特币已不足以兑付客户的预存资金和比特币，同时公司 CEO 马克・卡普勒斯（Mark Karpeles）亦有侵占的嫌疑。无数数字货币投资者走上街头维权，要求 MTGOX 公司给出交代。

2015 年 6 月，包括日本在内的七国（G7①）峰会在德国如期召开，针对反恐等全球热点问题发表了首脑共同宣言；同月，日本 FATF（金融活动作业部会）发表了关于数字货币的指导意见②。"如何对数字货币交易平台进行规制""如何反数字货币洗钱"，以及"如何打击数字货币为恐怖

① 七国集团是主要工业国家会晤和讨论政策的论坛，成员国包括美国、英国、德国、法国、日本、意大利和加拿大。

② 详见日本金融厅 https：//www.fsa.go.jp/policy/virtual_currency/index_2.html。

组织提供资金"等一系列问题被提上各国政府规制的日程。

在这样的背景下,日本金融审议会下设的"关于结算业务高度化的工作组"①开始对具体的实施方案进行可行性分析,主要从三大方面入手。

(1)交易平台的规制。决定对从事数字货币与法币交易的从业者进行登录制管理。

(2)对洗钱犯罪及向恐怖主义犯罪提供资金等方面进行规制,在开设个人交易账户时,需要进行身份认证。

(3)从保护平台利用者的角度出发,制定一系列保护交易环境的政策,如平台自有资金与客户资金的分别管理。

(二)主要法律法规

1.《与资金结算相关的法律》②(以下简称《资金结算法》)

2016 年 3 月 4 日,内阁(主要是金融厅)为了"应对情报通信技术快速发展的环境变化"提出修改《日本银行法》《农业协同组合法》《资金结算法》等多部法律的法律案③。该法律案于 2016 年 5 月 25 日通过参议院表决,

---

① 日文表述为"決済業務等の高度化に関するワーキング・グループ"。

② 《資金決済に関する法律》,详见 http://elaws. e-gov. go. jp/search/elawsSearch/elaws_search/lsg0500/detail? lawId=421AC0000000059。

③ 《情報通信技術の進展等の環境変化に対応するための銀行法等の一部を改正する法律案》。

并于 2016 年 6 月 3 日公布。根据该法律案附则第一条"此法律在公布之日起一年内,由政令指定实施",2017 年 3 月 24 日,修改后的各法实施令以及实施规则通过采集多方意见最终公布,《资金结算法》于 2017 年 4 月 1 日正式实施。

2.《资金结算法实施令》①(以下简称《实施令》)

《实施令》于 2017 年 10 月 27 日公布,2018 年 6 月 15 日起实施,是根据《资金结算法》制定的政令。政令,乃是由作为行政机关的内阁负责制定,而《实施令》则是对法律实施的细化,没有法律的授权不可制定罚则、课处义务或限制权利。

3.《关于数字货币兑换业者的内阁府令》②(以下简称《内阁府令》)

《内阁府令》于 2017 年 3 月 24 日公布,2017 年 4 月 1 日起实施,是为了实施《资金结算法》而制定的细则,由日本内阁总理大臣签发的府令。府令,位阶上低于政令,如没有法律的授权同样不可制定罚则、课处义务或限制权利。

---

① 《资金决済に関する法律施行令》,详见 http://elaws. e-gov. go. jp/search/elawsSearch/elaws_search/lsg0500/detail? lawId＝422CO0000000019。

② 《仮想通貨交換業者に関する内閣府令》,详见 http://elaws. e-gov. go. jp/search/elawsSearch/elaws_search/lsg0500/detail? lawId＝429M60000002007。

4.《数字货币兑换业者事务指导第三分册：金融社会关系》①（以下简称《事务指导》）

该文为日本金融厅于 2017 年 4 月发布，主要从数字货币兑换业者的监督着手，着眼于行业的经营管理、业务的适当性、监督手法，以及对外国数字货币兑换业者的基本态度等。

（三）几个重要概念

1.“数字货币”（日文表述为“假想通货”）的定义

《资金结算法》第二条第五款从法律层面对数字货币进行了定义，主要分两类。

第一类：购入物品、借入物品又或接受提供劳务的情形下，为清偿此类对价而向不特定人提供的可以使用，并且以不特定人为对象能够买卖的财产性价值（仅限于通过电子方法记录于电子器械等其他物品之中的价值，本国货币、外国货币以及货币计价资产除外），并且通过电子情报处理系统

---

① 《仮想通貨交換業者事務ガイドライン第三分册：金融会社関係》，详见 https://www.fsa.go.jp/common/law/guide/kaisya/16.pdf。

可以移转者。

第二类：以不特定者为对象，与前号所指者之间能相互兑换的财产性价值，并通过电子情报处理系统可以转移者。

同时，根据《资金结算法》第二条第六款的规定，类似银行存款、债券等货币计价资产，以及预先支付手段（如在特定连锁店可以使用的积分）都被排除在"数字货币"的概念之外。

2."数字货币兑换业"（日文表述为"假想通货交换业"）的定义

《资金结算法》第二条第七款规定：

本法所称"数字货币兑换业"，是指以以下任何一种为业的行为，"数字货币兑换等"是指，第一号及第二号所列之行为。

一、数字货币的买卖及和其他数字货币的兑换；

二、前号所示行为的中介、行纪、代理；

三、与前二号所示行为相关的，管理利用法币及数字货币的行为。

综上所述,数字货币兑换不仅指买卖和兑换的业务,还包括了与之相关的中介、行纪、代理、管理的行为。这是法律对于概念的扩大解释。具体而言,数字货币的直接买卖和兑换相当于第一号;数字货币交易平台相当于第二号;与之相关的数字货币结算、用钱包存储资金及数字货币的行为相当于第三号。

3.登录制度

《资金结算法》第六十三条第二款规定:数字货币兑换业者,没有在内阁总理大臣处登录的,不可从业。

该法第二条第八款规定:此法所称"数字货币兑换业者"是指第六十三条第二款规定经过登录者。

随后,《内阁府令》及《事务指导》发布了数字货币兑换业者的登录申请书样式及具体登录步骤。根据日本电子政府综合窗口①网页,数字货币兑换业者的登录申请书可以网上提交也可直接将资料邮送。无论线上还是线下提交登录手续,都可以事先在政府指定的窗口进行咨询。登录免手续费,但需要缴纳 15 万日元的登录执照税。审查期为 2 个月,是否通过审查的依据为《资金结算法》第六十三条所列的五种情形。与线下登

---

① 详见 http://shinsei. e-gov. go. jp/search/servlet/Procedure? DISPLAY＝ DETAIL ＆SYORIMODE ＝ ＆SEQNO ＝ 0000014976＆keywordOr ＝ ＆dspcnt ＝ ＆frompos ＝ ＆CLASSNAME＝GTAMSTDETAIL＆id＝225F2321122001＆ fromGTAMSTLIST ＝ ＆fromGRPTETMSTLIST ＝ ＆keywordNameIn ＝ ＆. displayHusho ＝ ＆grpid ＝ ＆keyword ＝ 。

录相比,线上登录手续可以 24 小时随时提交。

另外,根据《内阁府令》第九条,对于数字货币兑换业者的资本也有要求:一是注册资金在 1000 万日元(约 60 万人民币)以上;二是总资产不能为负值。

根据日本金融厅 2018 年 7 月 10 日的最新统计,截至目前,在日本登录过的数字货币兑换业者共计 16 家,分别为:株式会社マネーパートナーズ、QUPINE 株式会社、株式会社 bitFlyer、ビットバンク株式会社、SBIバーチャル・カレンシーズ株式会社、GMOコイン株式会社、ビットトレード株式会社、BTCボックス株式会社、株式ビットポイントジャパン、株式会社 DMM Bitcion、株式会社ビットアルゴ取引所東京、Bitgate株式会社、株式会社 BITOCEAN、株式会社フィスコ仮想通貨取引所、テックビューロ株式会社、株式会社 Xtheta。

4.分别管理制度

《资金结算法》第六十三条第十一款规定:数字货币兑换业者,对其所从事的数字货币兑换业务,须根据内阁府令的规定,将客户资金、客户储存的数字货币与自有资金、自有数字货币分别管理。

该法第六十三条第十一之二款规定:数字货币兑换业者,基于前款规定的管理状况,须根据内阁府令的规定,定期接受公认会计师或者监管法人的监管。

分别管理制度的出台,也是为了更好地保护利用者的资金。这之前,经常有交易平台将自有资金与客户资金混同,混同的后果可想而知,如果黑客侵入造成平台资金或数字货币无故消失,则无法区分消失部分的资产归属。2014年发生的MTGOX公司比特币被盗事件,除了公司技术方面原因,资金混同也是造成客户资金无从追究的一大原因。

(四)相应措施和监管

1.数字货币兑换业者必须采取的措施

(1)信息的安全措施

《资金结算法》第六十三条第八款规定:数字货币兑换业者须对业务相关的情报泄露、灭失、毁损的防止,以及相关信息的安全管理采取必要的措施。

(2)对委托方的指导

《资金结算法》第六十三条第九款规定:数字货币兑换业者如将业务的一部分委托给第三方的,须根据《内阁府令》的规定,对该业务进行指导并就业务的适当性、确实可行性采取必要的措施。

(3)投资者的保护

《资金结算法》第六十三条第十款规定:数字货币兑换业者,须根据《内阁府令》,对所交易的数字货币与本国货币或外国货币进行防止误认的说明,手续费及数字货币相关合同的内容,须从保护数字货币利用者的角度出发,对数字货币兑换业的适当性、切实可行性采取必要的保障措施。

关于防止数字货币与本国货币、外国货币被误认方面,《内阁府令》第十六条作出了详细规定,必须向投资者事先说明以下内容:"一、交易的数字货币并非本国货币或外国货币;二、交易的数字货币,基于特定的人不能保证其价值的情形,以及基于其宗旨或者特定的人才能保证其价值的情形,此特定人的姓名、商号或者名称以及该保证的内容;三、其他关于数字货币与本国货币或外国货币容易造成误认的情形。"

关于向投资者提供信息方面,《内阁府令》第十七条规定,数字货币兑换业者在与投资者进行交易时,必须以书面或其他合适的方式提供以下信息:

①该数字货币兑换业者的商号及住所;

②数字货币兑换业者的宗旨及登录号;

③交易的内容;

④数字货币概要;

⑤作为数字货币价值变动的直接原因而导致可能产生损失时,其要点及理由;

⑥以上各项所列之外,会影响投资者判断的重要事项为直接原因而导致可能产生损失时,其要点及理由;

⑦分别管理的方法及存款银行的姓名、商号或名称;

⑧投资者需支付的手续费、报酬、费用的金额或者费用上限、计算方法;

⑨投资者投诉或商谈可以对应的营业所所在地及联络方式;

⑩当交易金额用外国货币表示时,该金额用本国货币换算表示的金

额及换算标准和计算方法;

⑪纠纷解决机关采取措施的内容;

⑫其他需要被认可的事项。

(4)指定纠纷解决机关的契约缔结义务等

《资金结算法》第六十三条第十二款规定:如果存在指定数字货币兑换业务纠纷解决机关的,须与之缔结数字货币兑换业相关的"手续实施基本契约";如果不存在指定数字货币兑换业务纠纷解决机关的,须设置与之相对应的投诉处理机制以及纠纷解决机制。

2.防止洗钱义务

数字货币兑换业者作为《犯罪收益转移防止法》中的特定事业者,基于《犯罪收益转移防止法》的规定,在交易时有确认义务、确认记录及交易记录的制作保存义务、存疑交易时向相关当局的举报义务、整体体系的梳理义务等。

3.监督与处罚

《资金结算法》第六十三条的第十三至十七款规定,对数字货币兑换业者进行的监督与规制,主要包括公司账簿须制作并保存、年度报告书须制作并提交内阁总理大臣、内阁总理大臣可派人去公司进行业务检查、内阁总理大臣可向公司发出业务改善命令或业务停止命令。

2018 年日本各地财务(支)局①共处罚了 20 家数字货币交易平台,处罚内容为两项:业务改善命令或者业务停止命令。主要针对企业经营管理、客户财产的分别管理等安全管理、洗钱及恐怖犯罪资金提供的管理、投诉处理、系统危险管理等方面进行了整顿。

(五)ICO 在日本

1. 日本 ICO 法律规制的现状

截至目前,日本对于 ICO 的规制在法律和政策层面仍为空白。由于日本没有禁止企业在其国内发币,2017 年有多家公司在日本发币成功,参见表 6-1。

表 6-1 日本 ICO 发行情况一览

序号	项目名称	ICO 实施期间	募集资金(日币)
1	OASH	2017 年 11 月	120 亿
2	COMSA	2017 年 10 月	100 亿
3	ALIS	2017 年 8 月	3.5 亿
4	サコタルスー	2017 年 7 月	865 亿

① 可以提供数字货币兑换业登录的商谈和申请。日本全国共有 11 处财务局,具体为北海道、东北、关东、东海、北陆、近畿、中国、四国、福冈、九州、冲绳财务局。

续表

序号	项目名称	ICO 实施期间	募集资金（日币）
5	Avacus	2017 年 10 月	不明
6	SMPLEI	进行中	3 亿
7	Time Bank	开始前	
8	PHANTOM AI	进行中	不明
9	メタモ	2017 年 8 月	300 多万
10	OmiseGO	2017 年 8 月	25 亿
11	ZILLA	进行中	不明
12	Medical Bit	开始前	

注：2018 年 12 月 3 日根据日本网站 COINJINJA 统计汇编，详情参见：http://www.coinjinja.com/blog/posts/2017/12/japan-ico-2017♯7-time-bank。

前几年比特币、以太币等一系列数字货币的投资行情日益见涨，日本普通民众对于数字货币这样的新兴投资方式也是热情高昂。不少投资者在不了解区块链技术及代币的情况下盲目投资，结果却是付出了惨痛的代价。而数字货币交易平台利用投资者的一知半解，盲目夸大投资利好，承诺购买数字货币"只涨不跌"。更有一些人，鱼目混珠，干起了诈骗的勾当。日本金融厅、消费厅、警察厅于 2017 年 10 月 27 日联合发布《关于 ICO 利用者及事业者的唤起注意》①，其主要内容如下：

----

① 《ICOについて、利用者及び事業者に対する注意喚起》。

（1）向投资者阐明购买数字货币的风险（即有可能下跌、有可能遭遇欺诈）；（2）要求投资者在购买数字货币时有必要对其内容熟知并正确评估自己的抗风险能力；（3）针对数字货币的推销，要求投资者谨慎对待，并提供三个可商谈窗口，分别是与金融服务相关的商谈找金融服务利用者商谈室，与可疑电话相关的商谈找消费者热线，与欺诈相关的商谈找警察专用商谈电话或直接到最近警察署报案。

2. token(代币)和 ICO

日本金融厅等三部门《关于 ICO 利用者及事业者的唤起注意》一文，对 ICO 进行了官方的定义，即企业发行 token，从公众处募集资金的行为总称。投资者购买企业的 token，为的是将来其上市后投资的增值，而基于区块链技术产生的 token 具有安全可信、不可篡改、去中心化的特征，这就使得购买 token 的行为大大简化了公示手续且十分安全。2017 年 4 月 1 日《资金结算法》的出台，使得在日本已经上市的 token 被法律称为"数字货币"。但由于数字货币兑换业实行最新的"登录制度"，相关企业只有在政府规定的登录机关登录后才能公开发行 token 进行融资。未经登录不可发币，这就使得公开发币这个过程变得复杂很多。

3. 在日发行数字货币的主要方式

(1)通过"登录制度"发行数字货币

优点:这是最为正统的一种发币方式,严格按照日本《资金结算法》及其《实施令》《内阁府令》等规定进行从业者登录并取得执照。发行人可以堂堂正正地发行公司的 token,并通过市场进行公开融资。

缺点:登录手续比较复杂,需要提交一系列审查资料。审查期较长,一般为 8 个月～1 年。如果提交资料不足,还会被金融厅反复要求补交资料。

(2)委托已经登录的从业者发行数字货币

优点:真正想要发行数字货币的公司无须进行登录,可以免去一系列烦琐的手续,只需委托一家已有执照的公司即可完成发币手续。

缺点:费用高,需要得到被委托方的配合。此外,《资金结算法》第六十三条第七款规定:实践中已取得登录执照的公司如需发行新的数字货币,还是要取得金融厅的认可。

(3)其他方式

有没有其他更为简便的方式可以发币呢? 有人曾提出,可以公司自己发行 token 而不上市交易,从而规避法律上"数字货币"的定义,继而无须登录。对于这种方法的可行性,笔者具体分析如下:

投资者购买某公司的 token,为的是在市场上自由交易、随时变现以及取得投资收益。缺少了公开交易平台的支持,token 的流动性欠佳,投资者聚拢性不高,企业融资可能性就低。那如果不进行登录,能否私自发行 token？正如前文所介绍的，日本出台了多部法律、政令和内阁府令，正是为了整治日本数字货币市场混乱的局面，保护投资者的利益，维护金融秩序。根据金融厅等三部门《关于 ICO 利用者及事业者的唤起注意》一文，"ICO 的特征决定了其必然受《资金结算法》和《金融商品交易法》的规制，登录制度方面，根据相关法令必须履行相关手续。未经登录者，擅自发行 ICO 的将受刑事处罚"。受《资金结算法》规制是因为"ICO 发行的 token 是《资金结算法》的数字货币，从事数字货币兑换业者必须向内阁总理大臣（各财务局）提出登录申请"。受《金融商品交易法》规制是因为"ICO 有投融资的属性，用数字货币购入 token，实质上可视同用法币购入"。

4. 对于外国数字货币兑换业者的特殊规定

（1）《资金结算法》第六十三条第三款第六项：外国数字货币兑换业者在递交登录申请书时，需要记载日本国内代表人的姓名。本条说明，在记载事项上必须有外国数字货币兑换业者在日本国内代表人的姓名，否则将作为瑕疵事项影响登录。

（2）《资金结算法》第六十三条第五款：内阁总理大臣在登录申请者出现以下各号情况时，如登录申请书或添附文书的重要事项进行虚伪记载，又或缺乏重要事实记载，必须拒绝此登录申请。

第一项第十号：法人的董事、监事或者会计参与人（外国数字货币兑换业者在日本的代表人）存在以下情形的，会被拒绝登录申请。

第一项第十号第五款：依据本法第六十三条第十七款第一项或者第

二项的规定,数字货币兑换业者出现第六十三条第二款被取消登录的情形,或者依据与本国法令相当的外国法令的规定,进行了同种类登录(包含类似于登录的许可或者其他行政处分)而被取消的,如果在被取消之前的三十日内为此法人的董事等的,自该取消之日起未满五年的其他规定,由政令规定。

(3)《资金结算法》第六十三条第五款第二项:外国数字货币兑换业者如果在日本国内没有代表人(仅限于在日本有住所的情形)的,即使是以法人的形态提交申请,登录申请也将会被拒绝。本条说明,此外国数字货币兑换业者必须有实质的日本国内代表人,且此代表人必须有日本国内的住所。否则,即使是合法登记的法人,登录申请也不会被通过。

《实施令》第二十条第二款进行了详细规定:指基于与本国法律相当的外国法令的规定被解任的董事、执行董事、会计参与人、监管又或与此相当者,受此处分日起未满五年的,(法人)不得进行登录。

对于虚假记载或缺乏重要事项的记载,登录申请必将被拒,这是无国别差的硬性规定。但基于与本国法律相当的外国法令的规定被解任的董事、执行董事、会计参与人、监管等的,受处分日起未满五年的,具体由日本相关政令另作规定。

5. 在日本 ICO 的具体流程

具体流程可以分为两个,即外部流程和内部流程。

所谓外部流程,是指与日本金融厅的沟通和商谈。首先,可与金融厅联系,如果是东京的申请者,可直接与金融厅下属的监督局总务科数字货币监督队联系。联系的目的是为了向对方告知己方将进行 ICO,询问需要提交的材料内容。其次,根据电话等商谈结果,向金融厅递交 ICO 的相关资料,金融厅在审阅完毕后决定是否邀请 ICO 申请方面谈。在提交资料方面,根据相关经验需要提交包括但不限于:白皮书、对相关法律的理解、ICO 融资的不可替代性、融资目的及可能达到的效果。最后,申请者应前往金融厅面谈,面谈主要基于提出的资料,围绕为何必须通过 ICO 方式融资及具体操作等方面展开。金融厅的发问会从法律层面出发,考察申请者对法律、法规的理解及本次 ICO 合规性的架构。

所谓内部流程,是指申请者自身需要准备的各个环节,可与外部流程同步。主要包括:整体构架、事前准备、ICO 宣传、Offer 设定、预售、正式销售及管理运用。

整体构架:居于总体布局的位置,需要说明在整体计划中如何植入区块链技术,标明独自发行 token 归根结底是为了融资。

事前准备:包括独自发行 token、ICO 介绍的网页准备、白皮书的书写。目前日本对于白皮书的提出与否并没有作硬性规定,但按以往 ICO 发行经验,白皮书不可或缺。

ICO 宣传:宣传的途径有很多种,可以通过传统媒体的报道,也可以通过 ICO 专用网站(如 COIN JINJA、ICO Market、Crypto Currency Magazine 等)或者自媒体等途径进行宣传。

Offer 设定:主要设定 ICO 的开始之日及募集完毕之日,还需设定 token 的性质、token 的最大发行数、最低资金募集额、整项计划的期限、使用何种方式购买发行的 token。

预售：比起正常发行价，预售价会相对较低，或者有其他购买上的优惠。预售面向特定的投资者，且非公开发行。一般而言，面向普通投资者的预售少之又少。

正式销售：面向不特定多数的投资者销售融资。不同的企业会根据自身情况设立不同阶段的销售特惠。

管理运用：将筹集的资金投入产业，扩大生产，促进销售，使发行的token 增值，使融资行为产生良性循环。

6.在日本 ICO 的法律风险

在日本 ICO 可能的法律风险主要来自以下几部法律的规制：《资金结算法》《金融商品交易法》《犯罪收益防止法》《刑法》《消费者契约法》《税法》《景品表示法》等。

《资金结算法》：根据上文的介绍，主要是对相关概念如"数字货币""数字货币兑换业""分别管理"等概念的理解和把握，在法律定义的范围内将发行的 token 纳入或不纳入"数字货币"的范畴，从而实行不同的融资方式。

《金融商品交易法》：凡是经营有金钱出资的并进行利益分配的行业，都会受到《金融商品交易法》上的"资金"规制。据此，ICO 就有这样的特征，即通过融资行为筹集资金并存在利益分配可能，这就使得 ICO 行为可能受到《金融商品交易法》的规制。唯一不同的是，《金融商品交易法》上的金钱出资只包含金钱或有价证券，并没有包含比特币在内的数字货币，ICO 是否真正受其规制还需日本政府进一步做出具体解释，目前的做法是"参照适用"。

《犯罪收益防止法》：此法是为了防止犯罪对正常经济行为的影响而制定的法律，特别是为防止"洗钱"而需要追踪资金的流向时，金融机关有事先在客户转账时"确认"被转账方身份、发现问题及时报警的义务。而 ICO 的过程涉及用虚拟货币购买 token、token 自由转让等环节，极易滋生各种国内外"洗钱犯罪"，所以需要在交易所注册和交易时对客户进行"本人身份确认"。如果没有完善此功能，ICO 极有可能沦为犯罪的工具。

《刑法》：近几年关于利用 ICO 融资骗取投资者金钱的案例屡见不鲜，日本金融厅等三部门也在《关于 ICO 利用者及事业者的唤起注意》一文中警示 ICO 有诈骗的可能。一般而言，ICO 会有白皮书的说明，但是也会有白皮书所阐述的计划不能实现、约定的商品或服务不能提供等风险……另外，虽然有白皮书的美好设计，投资者也无法核实 ICO 项目的真正进展，更有 ICO 实施者根本没有实际落地 ICO 的准备，而在发行 token、圈了钱之后立即失联。

《消费者契约法》：此法是站在弱势方——消费者的角度立的法。ICO 企业的白皮书，是投资者十分重要的判断资料，如其所记载的内容不能被实现，往往做出的说明也不够充分。站在信息对称的角度来说，投资者往往就是弱势方，在此引用《消费者契约法》对投资者进行保护，也未尝不可。

《税法》：作为发行 token 进行 ICO 的企业，纳税是必不可少的义务，主要是法人税和消费税两项内容。而作为投资 token 获得增值的投资者,增值部分也应当缴纳个人所得税。

《景品表示法》:景品又称赠品,是在商品交易时附随提供的商品或者服务,此法是为了规制利用"巧妙的广告""过大的减价"等方式引诱客户购买商品的行为。进行 ICO 的企业,对于 token 的购买者往往会再提供增值商品或服务,而这些商品或服务就有可能被戴上"景品"的帽子而受到《景品表示法》的规制。

二、新加坡

近年来,区块链的热度居高不下,而由区块链技术衍生的比特币、以太币等虚拟货币及其他各类数字代币同样如雨后春笋般涌现,各国对于区块链技术都是大力支持,但对于数字代币或虚拟货币却大部分持中立态度,甚至不少国家明令禁止,而新加坡对数字代币的发行较为开放,因此作为顶级区块链枢纽迅速崛起。

(一)新加坡对虚拟货币或数字代币的规定

首先,需要明确新加坡仅是对数字代币的发行较为开放,但却不支持虚拟货币作为流通货币。新加坡明确区分了数字代币(Digital Token)和虚拟货币(Virtual Currency),认为虚拟货币是数字代币的一种特定形式。

1.虚拟货币非货币或证券

2014 年新加坡税务局（Inland Revenue Authority of Singapore，IRAS）发布了《IRAS 虚拟货币指南》（*IRAS Virtual Currency Guidance*），认为比特币等虚拟货币为"货品"而非"货币"或"证券"。使用虚拟货币购买实体货物或服务将被视为"货品交易"，需要缴纳 7％的商品增值税，同时对虚拟货币交易中获得的利润也需要纳税，但若企业将虚拟货币作为长期投资，则相关收益会被视为资产。在新加坡，资产并无对应的资产税，因此无须再额外纳税。

2.数字代币适用证券法

但是数字代币的应用远不止于虚拟货币，因此新加坡金融管理局（Monetary Authority of Singapore，MAS）于 2017 年 8 月 1 日清楚阐明"如果数字代币可以视为 MAS 负责管理的《证券与期货法》下所监管的产品，那么数字代币的发售或发行必须遵守《证券与期货法》"，并发布《数字代币发行指南》（*A Guide to Digital Token Offerings*）。

3.数字代币发行相关法律法规

代币是否受到相关法律法规的监管需要首先判断代币是否具有证券性质，如果具有证券性质，就必须根据现行《证券与期货法》（*Securities and Futures Act*，SFA）的规定来准备招股说明书等相关材料并需要具备相应的牌照。如果代币不具备证券性质,则除了新加坡极为强调的反洗钱、反恐合规问题,其他方面基本处于没有法律法规监管的情况。但是即便代币被评估为具有证券性质,也有三种豁免的情况:代币发行为小规模的(少于 500 万新币),或代币属于私募型的但募集对象少于 50 家(位),或募集对象是机构投资者。具体涉及的相关法律法规如下。

(1)《数字代币发行指南》主要规定如下。

如果数字代币属于 SFA 中定义的资本市场产品,那么此类数字代币的发售或发行可能会受到 MAS 的监管。资本市场产品包括任何类型的证券、期货合同以及用于杠杆式外汇交易的合同或协议。MAS 将审查数字代币的结构与特征,包括数字代币附随权利,从而确定数字代币是否属于 SFA 中定义的某一种资本市场产品类型。

MAS 注意到,数字代币的发售或发行过程中同时会涉及以下一种或多种类型的中间机构:

①运营平台的主体,一个或多个数字代币发行人可在此类平台上进行数字代币的首次发售或发行(首次发行平台);

②就任何数字代币提供财务建议的主体;

③运营数字代币交易平台的主体(交易平台)。

在新加坡运营被视为任何类型资本市场产品的数字代币首次发行平台的主体,可按 SFA 规定开展一项或多项受监管的活动。凡在任何受监管活动中开展业务的主体,或声称开展此类业务的主体,除非另获豁免,必须按照 SFA 规定持有此类受监管活动的资本市场服务牌照。

在新加坡就任何属于投资产品的数字代币提供任何财务建议的主

体,根据《财务顾问法》(*Financial Advisors Act*,FAA)规定,必须获得该类型财务咨询服务相关财务顾问牌照,或按规定免于持牌。

在新加坡设立或运营被视为证券或期货合约的数字代币相关交易平台的主体,可以开设或经营市场。开设或经营市场的主体,或声称其经营市场的主体,除非另有规定,必须根据 SFA 规定,获 MAS 审批成为获批交易所,或由 MAS 认定为受认可的市场运营主体。

MAS 的《反洗钱与反恐怖主义融资通知》可适用于数字代币发行,即数字代币发行不得为洗钱、为恐怖组织提供资金支持。此外,MAS 有意制定了一套全新的支付服务框架,用于防范虚拟货币与法定货币之间的交换或兑换相关的反洗钱及反恐怖主义融资风险的规则。

(2)《财务顾问法》(FAA)第 2 部分第 6 条规定:

---

(1)任何人不得就任何财务咨询服务在新加坡担任财务顾问,除非符合以下情况:

(a)该人获得了财务顾问执照,有权进行该财务咨询服务;

(b)该人是免牌财务顾问。

(2)就第(1)款而言,如果某人从事任何旨在或可能诱使新加坡或其他地区的公众使用其所提供的财务咨询服务的活动或行为,不论该人原本是否仅旨在或可能仅试图在新加坡境外产生上述影响,这个人都应被视为在新加坡担任财务顾问。

(3)在决定某人是否从事任何旨在或可能具有第(2)款所述效力的活动或行为时,须参照管理局所列明的考虑因素。

(4)任何人违反第(1)款的规定,即属犯罪,一经定罪,可处以最高75000美元罚款或最高3年监禁或两者并罚,如属在定罪后继续犯罪的,则可处以每天(不足一天按一天计算)罚款最高7500美元。

因此,若数字代币属于投资产品,则提供金融建议的人士必须依据FAA获得该类型财务咨询服务相关财务顾问牌照,或按规定免于持牌。

(3)《证券与期货法》(SFA)第13部分第239-309条关于招股说明书等相关文件的要求和规定。

例如,第240条有关招股说明书和简介声明的要求如下。

---

(1)任何人不得提出证券发行,除非这个发行是——

(a)在招股说明书中列明或附有:

(i)该证券发行是根据第243条编制;

(ii)该证券发行已按照第(4A)款签署并已向管理局提交副本;

(iii)由管理局注册。

(b)符合管理局声明的规定。

（2）向管理局提交初步募股书，须被当作已向管理局提交招股说明书。

（3）第（2）款所述的初步募股书必须载有管理局所要求的资料和招股说明书所列明的所有资料。

（4）尽管有第（1）款的规定，证券发行可以在招股说明书的摘录或简略版本（在本节中称为简介声明）中而不是招股说明书中提出或附带，如果：

（a）有关该发行的招股说明书是根据第 243 条编制的，而简介声明则是按照第 246 条编制的；

（b）招股说明书的副本及简介声明的副本［均已根据第（4A）款签署］已提交给管理局，并且招股说明书不迟于简介声明提出；

（c）招股说明书及简介声明由管理局登记；

（d）招股说明书可在简介声明所指明的时间及地点任意获取。

（4A）向管理局提交的招股说明书或简介声明的副本须被下列人员签署——

（a）提出证券发行的是发行人（证券发行人指的是发行和销售证券的公司、政府机构及其他实体）：

（i）如发行人并非政府机构，则由发行人的每名董事或同等地位的人以及发行人中被提议为董事或同等地位的人签署；

(ii)如果发行人是政府机构发起的实体,则由该政府授权签署招股说明书的官员签署。

(b)凡提出证券发行的是个人而非发行人:

(i)提出发行的不是国家政府,

(A)由提出发行的个人签署;

(B)如果发行人是由该提出证券发行者的一个或多个关联方,或由该提出发行者及其一个或多个关联方控制的,由发行人的每名董事或同等地位的人以及发行机构中被提议为董事或同等地位的人签署。

(ii)如果发行人是一国政府,则由该提出发行者签署。

(c)凡提出证券发行的人是实体(并非政府机构)而非发行人:

(i)如果发行人不是政府机构,

(A)则由该实体的每名董事或同等地位人士签署;

(B)如发行人由该实体的一个或多个关联方,或由该实体及其一个或多个关联方控制,则由发行人的每名董事或同等地位人士,以及发行人中被提议为董事或同等地位的人签署。

(ii)如果发行人是政府机构,则由该实体的每名董事或同等地位人士签署。

(d)提出证券发行的是政府机构而非发行人:

　　　　(i)如果发行人不是另一国家的政府机构，

　　　　(A)由提出发行的机构中获得授权签署招股说明书的官员签署；

　　　　(B)如果发行人由该提出发行的政府机构的一个或多个关联方，或由该提出发行的政府机构及其一个或多个关联方控制，由发行人的每名董事或每名同等地位人士以及发行人中被提议为董事或同等地位的人签署。

　　　　(ii)如果发行人是另一国家的政府机构，则由首先提到的政府机构中授权其签署招股说明书的官员签署。

(4B)如副本已签署，则须符合根据第(4A)款关于由董事或同等地位人士签署招股说明书或简介声明的副本的规定：

　　(a)由该董事或同等地位人士签署；

　　(b)由该董事或同等地位人士以书面形式授权的人签署。

(4C)如果该副本由下述人员签署，则须符合第(4A)款关于被提议为董事或同等地位人士签署招股说明书或简介声明的副本的规定：

　　(a)由被提议为董事或同等地位人士签署；

　　(b)由该被提议为董事或同等地位人士以书面形式授权的人签署。

4.新加坡对数字代币的监管

从上述法律法规中可以看出，新加坡对数字代币的监管较为严格，在未获得相应批准或者豁免前,从事数字代币发行或虚拟货币的交易存在较大的风险。例如,2018 年 5 月,新加坡的 8 家虚拟货币交易所因未经 MAS 批准进行被视为证券或期货合约的虚拟货币交易而被 MAS 警告。另外,MAS 也叫停了一宗首次数字代币发行,禁止该机构在新加坡发行数字代币,原因同样是该数字代币具有证券性质却未获得相应的批准。

《支付服务条例草案》(*Consultation Paper on Proposed Payment Services Bill*)的相关规定。

第 3.7 条 基于上述考虑,我们建议在许可框架下规范下列活动:

(a)活动 A:账户发放服务;

(b)活动 B:国内汇款服务;

(c)活动 C:跨境汇款服务(即汇款业务);

(d)活动 D:商户获取服务;

(e)活动 E:电子货币发行;

(f)活动 F:虚拟货币服务(即虚拟货币中介);

(g)活动 G:改变货币的服务。

第 3.13 条中,虚拟货币被定义为不以任何法定货币计价,并被公众接受作为媒介交换,用以购买货物、服务或解除债务的数字价值体现。虚拟货币交易,鉴于其匿名性质,特别容易受到洗钱和恐怖主义融资风险的影响。因此,MAS 对虚拟货币施加反洗钱与打击恐怖主义融资的要求。

(a)以虚拟货币交易,虚拟货币是买卖中介。这涉及法定货币与虚拟货币交换,例如美元兑换以太币或其他虚拟货币。

(b)促进虚拟货币的交换。这包括建立或经营虚拟货币兑换的交易所,参与者可以使用这样的平台来交换或交易虚拟货币。反洗钱与打击恐怖主义融资要求将包括识别、验证客户和受益所有者,持续监控,筛选洗钱和恐怖主义融资问题,保存可疑的交易报告和记录。

第 5.11 条中反洗钱、打击资助恐怖主义的要求将通过 MAS 下发的通知("MAS 法案"第 186 章)对相关被许可人施加要求,与现行反洗钱、打击资助恐怖主义要求的情况一样。支付服务带来的主要风险包括跨境洗钱和恐怖主义融资,匿名现金支付交易,避免报告阈值的支付结构,以及洗钱和恐怖主义融资目的的分层或筹资。

(二)可被视为资本市场产品的代币

《数字代币发行指南》中提供了 6 个案例,来举例说明哪些类型的数字代币将会被视为 SFA 中定义的资本市场产品,从而有效指导发行者或潜在发行者更好地进行相应的操作。

案例 1

A 公司计划创建平台,实现平台用户间算力的共享与租用。为开发该平台,A 公司拟在新加坡发行代币 A 进行融资。代币 A 将赋予数字代币持有人使用 A 公司平台的访问权。代币 A 可用来为租用平台其他用户提供的算力支付租金。代币 A 不会附加任何其他权利或功能。A 公司拟面向全球发行代币 A,包括新加坡。

显而易见,本案例中的代币 A 不会被视为证券,不会受 SFA 或 FAA 任何要求的限制,因为代币 A 不会附加其他任何权利或功能,仅仅在平台上拥有访问权和作为算力支付的方式。

案例 2

B 公司主要从事房地产开发业务,并经营商业大厦。为开发购物中心,该公司计划面向全球(包括新加坡)发行代币 B 进行融资。代币 B 代表 B 公司的股票,而且代表着代币持有者在 B 公司的数字形式所有权。此外,B 公司还拟就其代币 B 的发行提供财务建议。

本案例与案例 1 就明显不同,本案例的代币属于股票,属于 SFA 定义的资本市场产品,因而它在发行时需要符合招股说明书的要求,且 B 公司开展受监管的证券交易活动需要获得资本市场服务牌照,除非获得

豁免。同时,就为代币 B 的发行提供相关财务建议而言,B 公司必须是持
牌财务顾问,除非获得豁免。

案例 3

　　C 公司拟面向全球(包括新加坡)发行代币 C。C 公司将汇集所募资
金形成资金池,并使用这些资金投资于金融科技初创企业的股票投资组
合。C 公司将管理这一投资组合。代币 C 的持有者不会参与 C 公司的
日常运作或投资组合的管理。投资组合产生的所有利润将聚集在一起,
并作为报酬分配。这种安排的目的就是使代币持有者能够获得投资组合
产生的利润。

　　C 公司就代币 C 所制定的安排属于集合性投资计划。在此基础上,
根据此项安排是在新加坡境内还是新加坡境外制定,须按照 SFA 第 286
条规定获得授权,或按照 SFA 第 287 条获得认可。此项安排还将受 SFA
第 13 部分第 2 节、SF(OI)(CIS)R 以及 Code on CIS 中使用要求的约束。

　　在此基础上,C 公司必须遵守代币 C 发行相关的招股说明书要求,除
非 SFA 另有规定免除此类要求。根据 SFA 的规定,C 公司开展受监管
的证券交易活动需要获得资本市场服务牌照,除非获得豁免。由于 C 公
司代币 C 的发行并不涉及财务顾问服务,因此 FAA 不适用于代币 C 的
发行。

案例 4

D公司在新加坡注册成立,并在新加坡开展业务。该公司拟面向大众发行代币D,但新加坡人无法参与该代币发行。D公司将汇集发行所募资金,并使用这些资金投资于金融科技初创企业的股票投资组合。D公司将管理该股票投资组合。代币D的持有者不会参与D公司的日常运作或投资组合的管理。该投资组合产生的利润也将聚集在一起,并作为报酬分配给代币D的持有者。这种安排的目的就是使代币持有者能够获得投资组合产生的利润。

由于代币D的发行无新加坡人参与,因此SFA第13部分的规定不适用。但如果D公司在新加坡经营股票投资组合管理的业务,则该公司仍可能在新加坡开展基金管理业务,这样就会造成D公司需要根据SFA的规定获得相应资本市场服务牌照,除非获得豁免。由于D公司代币D的发行并不涉及财务顾问服务,因此FAA不适用于代币D的发行。

案例 5

E公司计划建立一个平台帮助初创企业通过代币的方式面向投资者进行融资。为促进发行,E公司将为每个想要发行数字代币的初创企业设立一个实体,作为对初创企业进行投资的SPV,希望投资初创企业的投资者向各个实体提供贷款。反过来,各实体将向投资者发行属于各初创企业独有的代币 E。这些代币将被发放给全球投资者,包括新加坡人。代币 E 将代表投资者向实体发放贷款而享有的债权。E 公司平台还将运营市场以促进投资者使用该公司平台交易代币 E。此外,E 公司拟就代币发行向投资者提供财务咨询服务。

案例 5 就比较简单了,代币 E 是债券,属于 SFA 定义下的证券,应受到相应的监管,即代币发行需要符合相关招股说明书要求,同时 E 公司需要获得相关牌照,除非获得豁免。若 E 公司运营代币,则 E 公司必须根据 SFA 的规定,经 MAS 审批成为获批交易所,或得到 MAS 认可成为认可市场运营商,除非获得豁免。此外,若 E 公司拟就代币发行向投资者提供财务咨询服务,E 公司必须是持牌财务顾问,除非获得豁免。

🔗 案例 6

F 公司计划设立虚拟货币交易平台,方便用户进行不构成证券的虚拟货币(如比特币)与法定货币之间的交易。运营初期几年内,该平台不允许交易证券类代币。但这一限制可能在几年后解除。

本案例涉及虚拟货币交易所,就需要分为两种情况,在运营初期,该平台不允许任何证券类代币交易,则不受 SFA 监管。但若是未来解除限制后,F 公司就需要根据 SFA 规定获得 MAS 批准成为获批交易所或由 MAS 认可成为认可市场运营商,除非获得豁免。

虽然目前 MAS 并未对虚拟货币与法定货币之间的交易进行监管，但 MAS 拟设立全新的支付框架监管此类活动。

（三）新加坡推进区块链技术开发与应用的举措

新加坡政府大力支持区块链相关技术的研究和应用，在世界区块链领域具有不可忽视的地位。

1. 2016 年 11 月，MAS 发起乌敏岛项目（Project Ubin），研究利用区块链技术进行银行间支付及国际支付。

2. 2016 年，MAS 推出"沙盒（Sandbox）"机制，新加坡发布的《金融科技监管沙盒指南》的征求意见稿中明确将沙盒监管的范围局限于金融科技（Fintech）领域，即只要任何在沙盒中注册的金融科技公司，允许在事先报备的情况下，从事和目前法律法规有所冲突的业务。并且即使以后被官方终止相关业务，也不会追究相关法律责任。

3. 2018 年 4 月，新加坡知识产权局（IPOS）宣布加快金融科技应用软件专利的授予进程，如区块链支付系统。根据知识产权局的声明，金融科技快速立法的方案力求将专利授予进程从两年缩短至六个月。

4. 2018 年 9 月新加坡国立大学宣布建立 CRYSTAL 中心，这是一个学术研究实验室和智库，旨在成为世界上最重要的区块链研究中心之一。

（四）新加坡代币发行流程

目前，中国籍的个人与实体在新加坡发行代币的流程基本分为三步：注册新加坡基金会、合规审查和代币上交易所。

1. 注册新加坡基金会

（1）选择注册基金会的原因

首先在新加坡注册的公司为公众公司，公司性质是 Public Company Limited By Guarantee，简称为 CLG。这种公众公司和普通公司不同，公众公司是非营利性质的，无股权划分，属于公众担保型，一般也称为非营利基金会，大多以 FOUNDATION 或者 FUND 来结尾，也就是基金和基金会的意思，例如 FOUNDATION LTD. /FUND LTD. 。

但为何都是注册公众公司，也就是基金会呢？普通公司和非营利基金会有什么区别，具体而言有如下几点。

普通公司是以 PTE. LTD. 结尾，即使公司名称中含有基金或者基金会这类名词，但只要结尾是 PTE. LTD. ，则该公司还是属于普通公司；而上文已经明确公众公司是以 FOUNDATION LTD. /FUND LTD. 结尾。

两种公司的性质不同，普通公司是股份制，公众公司不属于股份制，是公众担保类型。

非营利性质的公众担保有限公司（基金会）无股东，只有成员

(guarantor)，所以不存在分红和控股一说，所得收益仅能用于符合公司（基金会）既定目标的项目支出，且需要每年提交审计报告，所有费用以基金会名义开销，可对其起到监督作用，同时无法追责到发行方，起到避险作用。普通公司是营利性质的公司，需要按照股东股份数额界定公司资产的所有权，可分红。

普通公司在新加坡应当按照法律法规缴纳税收，但公众公司作为非营利基金会，具有公益性，而公益事业免征所得税，因此可以达到免税的目的。

公众公司是非营利基金会，由于其不营利的性质会使得其比普通公司的信用度更高，从而容易获得公众认可，容易募集到初始基金。

普通公司是无法出具法律意见书的，只有公众公司可以制作相关法律意见书，而代币的发行在交易所层面是需要法律意见书的，因此这也是区块链 ICO 选择注册公众公司（即基金会）的最重要原因。

（2）注册新加坡基金会的准备

注册准备工作如下：

①提供基金会名称；

②提供至少 3 位成员，其中 1 人为新加坡籍；

③具有新加坡注册地址和注册资金；

④具有新加坡籍董事；

⑤新加坡律师担保；

⑥新加坡审计师担保；

⑦具有新加坡籍秘书；

⑧首年服务费。

（3）注册时间及注册之完成

一般而言，新加坡基金会的注册时间为 15 个工作日到 25 个工作日。注册完成后基金会将会取得注册证书、注册纸、章程、公章、钢印、注册地址公告、公司成立公告、新加坡籍董事授权、秘书授权、首次会议记录、精美文件箱。

2. 合规审查

（1）代币发行的白皮书

白皮书相当于通常所说的商业计划书，该文件一般需要专业的新加坡律师根据新加坡的法律法规进行修改，新加坡当地有律师事务所专门从事区块链法律咨询服务。

白皮书的作用主要在于应对 MAS 调查，同时用以说服投资者，让投资者安心进行投资，最后在交易所层面亦需要白皮书。

（2）代币备案

代币的备案主要是代币的非证券性质证明和代币发行合法合规的备案，一般需要通过新加坡律师进行，用以应对 MAS 核查私募销售是否合规。主要文件包括如下。

代币非证券性质法律意见书：根据新加坡监管条例出具代币非证券性质证明的法律意见书。

白皮书法律合规律师意见书：证明项目合法合规，不触及或违反任何现行新加坡监管条例。其内容根据白皮书内容而定，复杂程度也是根据白皮书来决定的,甚至律师认为必要时,还会对白皮书进行部分修改。

购买协议:根据新加坡条例要求出具的该项目以发行代币的方式筹集资金的私募条款。

面向公众的新加坡法律管辖条款:根据新加坡监管条例出具代币公募条款、网站公示以及免责申明。私募或是公募须根据具体情况而定,而有了相关的法律意见书,则对投资者更有说服力,并确保实行的每一步骤,都是合法合规的。另外,报备后 ICO 即可应对 MAS 的核查。

同时,新加坡律师可以完成基于中文版白皮书的英文版白皮书编写工作。

3.代币上交易所

上述两项合规审查完成后,代币上交易所硬性要求也就基本达到了,剩下的就是与交易所进行商业谈判,例如上交易所的费用、项目可行性、团队构成、自带流量、市值管理等。在与交易所商谈的过程中,新加坡律师可以协助起草基金会与交易所等运营主体间的运营协议。

在后续项目进程中,新加坡律师还会常年提供法律咨询服务,主要包括项目进程中的所有法律相关问题的咨询、方案设计与资源对接等。

完成上述几个步骤后,代币也就完成了在新加坡发行的必要步骤。

三、美国

毫无疑问,美国的监管机构和政策制定者对待区块链的态度有着两面性与矛盾性。一方面,作为互联网产业与金融业的领军国家,美国不可能排斥区块链这一具有巨大利用潜力的技术,而另一方面,基于区块链技术的加密货币(cryptocurrency)领域里的不法行为日益增多,其产生的风险足以引起立法者们的警惕。简而言之,美国拥抱区块链技术,对该技术运用的监管谨慎而坚定。

为何说是"谨慎"? 这一点,或许从美国国会近期针对区块链及虚拟货币(virtual currency)频频举行听证中可以看出。

2018 年 2 月 6 日,参议院银行、住房与城市事务委员会举办了主题为"虚拟货币:美国证券交易委员会与美国商品期货交易委员会的监管职责"(Virtual Currencies: The Oversight Role of the U. S. Securities and Exchange Commission and the U. S. Commodity Futures Trading Commission)的听证会。也就是在这场听证会上,SEC 主席 Jay Clayton 表示"所有的 ICO 都是'证券',并且未经注册的 ICO 违反了法律"。不过,Jay Clayton 将 ICO 与其他加密货币作了区分,明确了前者属于发行证券,应当受到监管。

2018 年 2 月 14 日,众议院举办了主题为"超越比特币:区块链技术的新兴应用"(Beyond Bitcoin: Emerging Applications for Blockchain Technology)的听证会。如会议主席 Ralph Abraham 所言,这场听证会更专注于区块链技术潜在的"变革性",因而听证重点在于描述或举例如何将区块链概念运用到美国私营部门和联邦政府中,而非监管规则的制定。

2018 年 3 月 14 日,众议院金融服务委员会举办了主题为"审查加密货币与 ICO 市场"(Examining the Cryptocurrencies and ICO Markets)的听证会,主要关注了对数字货币(digital currency)与 ICO 通证(tokens issued in an ICO)的区分、对证券型通证的监管,以及对 SEC 与美国商品期货交易委员会(Commodity Futures Trading Commission,CFTC)之间管辖权的划分等问题。可以发现,这场听证会上的主流观点不再是"一刀切"地将 ICO 通证认定为证券,而是承认了非证券型通证的存在可能。

2018 年 5 月 8 日,众议院太空、科学与技术委员会举办了主题为"充分利用区块链技术改善供应链管理与打击假冒货物"(Leveraging Blockchain Technology to Improve Supply Chain Management and Combat Counterfeit Goods)的听证会。该场听证会主要是为了普及区块链技术的基础知识,同时为下一步联邦政府层面的监管规则的改进做铺垫。

2018 年 6 月 21 日,众议院金融服务委员会举办了主题为"美国证券交易委员会之督责"(Oversight of the U.S. Securities and Exchange Commission)的听证会。SEC 主席在该会中回答了关于 ICO 程序的问题,明确表示证券发行与销售的判别是一个需要综合考虑相关事实与情形的问题。不管是投资建立一家工厂还是资助开发一项分布式网络应用,只要发起人促使他人出资并使其认为他们将会因发起人的努力而获利,那么发起人就应当依照联邦证券法律注册自己的证券发行行为(或者申请有效的注册豁免),仅仅将实为"股份证书"的电子权益凭证称为"通证"

(token)或"代币"(coin),并不能改变什么。

2018年7月18日,众议院农业委员会举办了主题为"加密货币:数字时代对新型资产的监督"(Cryptocurrencies:Oversight of New Assets in the Digital Age)的听证会。会议旨在厘清加密货币这种新型数字资产的应用前景,以及认识当前所面对的监管挑战。

众议院金融服务委员会也在同一天举办了听证会,主题为"货币的未来:数字通货①"(The Future of Money:Digital Currency)。该场听证会主要关注的是美国联邦政府是否应当考虑将加密货币视为通用货币,世界各地(尤其是中央银行)对加密货币的利用,以及加密货币与纸币的未来。

以上种种,还未包括各个监管机构或其官员发布的声明与通告。但截至2018年9月,美国联邦政府层面仍然没有出台统一的关于区块链技术运用的法律。对于目前最火热的ICO与虚拟货币领域,所有的监管规则都散落在各个监管机构颁布的条例中。监管目的的不同,或者对虚拟货币理解上的差异,导致了监管者们采用的监管方式有所区别。这一点无论是在联邦政府中还是州与州之间,皆有体现。有些州,例如纽约州,很早就开始对虚拟货币产业监管布局;伊利诺伊州已在考虑出台《区块链

① 笔者以为,严格意义上讲,"货币"一词对应的英文应为"money",而"通货"一词对应"currency"。美国官方机构(包括国会)在货币领域的用词,如"cryptocurrency""virtual currency""digital currency",按此规则应译成"加密通货""虚拟通货""数字通货"。鉴于国内业界对于这些词汇的翻译已普遍采用"货币"一词来对应"currency",故本文中笔者选择与之保持一致。

技术法》①的法案,但相关法案最终能被立法机关通过的可能性却不高。囿于篇幅,本章节仅讨论联邦政府层面的监管态势。

在法律上,何为"区块链"? 虽然尚存争议,不过可以认为,区块链是一种数据库的形式,具有三种主要特性:去中心化的(decentralized)、分布式的(distributed)和可自证的(self-proving)。区块链的应用充分利用了分布式记账技术(distributed ledger technology),也就是说,一本数字账簿(digital ledger)的各个副本可以被分散储存到没有中央服务器的节点群中。每一个节点都参与了对该数字账簿副本的保管储存与即时维护,因此每一个节点都始终持有最新版本的副本。这就是为什么说在一个区块链中,数据的储存是去中心化的、分布式的。

正是因为所有参与区块链的节点都手持最新版本的数字账簿副本,并实时将被广播了的交易作为数据更新"入账",每一个副本都能"自证清白",极大地减少了数据被篡改的可能,从而增强了交易的透明度与可靠性。

区块链作为加密货币的底层技术而受到人们关注,人们常常将区块链与加密货币放在一起讨论。在美国,区块链技术的运用(尤其是在金融服务与资本市场领域)正在快速发展,所有人——上到联邦政府下到企业个人——都在思考着如何将这变革性的技术快速、安全、有效地部署开来。区块链成就了加密货币,但人们对区块链的期望不止于此。

---

① 参见 Blockchain Technology Act,2017 Bill Text IL H. B. 5553,LRB100 19670 RJF 34944 b。

（一）区块链技术与加密货币

如前所述，谈及区块链技术的运用，最成熟——也可能因此最需要被监管——的领域便是加密货币。正是加密货币市场（如比特币交易）的繁荣激发了人们对区块链技术的兴趣。加密货币的出现，最初是为了满足人们对于使用数字资产交换商品或服务的需求。一般在一个特定的加密货币系统中，任何参与者都可以生成一只虚拟钱包，内含一把私人密钥和一个与其数字资产挂钩的公开交易地址。参与者通过"挖矿"（mining）或直接购买以获得加密货币，之后立即将该笔交易链接到已有的区块链中。如果参与者打算购买一些商品或服务，他们需要先使用其私人密钥将拥有的加密货币解锁，然后向卖家转让相应的加密货币。卖家收到解锁了的货币后，再用自己的私人密钥将货币加密。一项加密货币交易就这样完成了，所有的参与者都会收到交易双方的广播，于是大家纷纷记录该笔交易完成的结果：某位公开交易地址的拥有者的数字资产中减少了一些加密货币，而另一位的加密货币则相应增加。

那么，加密货币和数字货币、虚拟货币等概念如何区分？美国的监管机构又如何看待加密货币这一新兴市场？

1. 加密货币的本质

在讨论加密货币时,可能需要同时厘清货币领域的相关术语,即法定货币、数字货币、电子货币以及虚拟货币。

(1)法定货币(fiatcurrency),是指政府发行的依靠政府法令使其被确信将来能维持购买力的纸币和金属硬币,如美元、人民币。法定货币具有持久性、可携带性、可分性、统一性、供给受限性以及普遍接纳性六大特点。

(2)数字货币(digital currency),又称电子货币(electronic currency),是指一种特殊的货币交易媒介,其特殊之处在于数字货币在交易过程中,价值的储存与转移均通过电子的方式。数字货币具有法定货币的前述六大特征,典型例子为信用卡。

(3)虚拟货币(virtual currency),是指数字货币中基于互联网运作的一个分支种类,但其在美国绝大多数州内都不具有法定货币的地位,其价值也不与法定货币挂钩。虚拟货币分为封闭环境式和开放可转式,前一类虚拟货币只能在一个虚拟环境内单向购入,且一旦购入后不能再轻易转化为法定货币,典型例子为飞行常客里程奖励;后一类虚拟货币可与法定货币在价值上挂钩,即可以根据兑换率被自由买入或卖出,甚至被用于购买现实的或虚拟的产品和服务,例如比特币。

(4)加密货币(cryptocurrency),是指虚拟货币中基于加密算法(cryptography)和区块链技术运作的一个分支种类,具有去中心化、监管困难、价值波动幅度大、总供给量恒定或受限、匿名度高、不可逆写入等特性。与其他虚拟货币一样，加密货币一般不具有法定货币地位。加密货币市场中，目前占有份额最大的是比特币（Bitcoin），此外较大规模的还有瑞波币（Ripple）与以太币（Ether）。

2. 加密货币的监管

从上文的讨论分析中我们可以发现，加密货币属于虚拟货币的一种，由于利用了区块链技术而与其他的虚拟货币区分开来。因此，美国监管机构对于加密货币市场的监管主要从两方面入手：第一，加密货币尽管是虚拟货币中的一个特殊分支，但仍属于虚拟货币，应按虚拟货币监管为宜；第二，加密货币领域中的 ICO，由于可能涉及大众投资者的金融风险及证券监管规则，因此对于 ICO 是否应被纳入美国证券法调整和规范仍有争议。

（1）商品期货交易委员会（CFTC）

美国《商品交易法》（*Commodity Exchange Act*）第 1a 节第（9）分节将"大宗商品"（commodity）定义为"期货合同当下交割或将来交割的所有服务、权利以及利益"。可见，美国期货法律中大宗商品的概念相当广泛，其含义足以涵盖比特币与其他虚拟货币，而事实上自 2015 年以来，CFTC 也的确是认定与加密货币相关的期货、期权交易等都应受其管辖并成为被监管的对象。这一行政观点在一定程度上得到了联邦法院的支持。2018 年 3 月 6 日，纽约东区法院一位名为 Jack Bertrand Weinstein

的法官在 CFTC 诉 McDonnell 案①中裁定 CFTC 与其他联邦行政机关、各州行政机关一样,可对涉及期货的虚拟货币交易行使并行管辖权(concurrentauthority)。

在 McDonnell 案中,CFTC 将 Coin Drop Markets 公司及其创始人 Patrick McDonnell 告上联邦法庭,诉称其从 2017 年 1 月开始就涉嫌制造一个基于虚拟货币的骗局,通过提供虚假建议诱使他人购买和交易某类虚拟货币,以图侵吞他人资金。在骗局暴露后,Patrick McDonnell 关闭了 Coin Drop Markets 公司的网站,不再理会那些虚拟货币购买者。最重要的是,Coin Drop Markets 公司在进行大宗商品交易的同时,并未在 CFTC 注册。CFTC 认为,Patrick McDonnell 及其公司的上述行为违反了《商品交易法》,而后两者主张 CFTC 对于虚拟货币的交易并无管辖权。Weinstein 法官则直接裁定,无论是从经济功能还是从《商品交易法》法条原文来看,"大宗商品"这一概念实实在在地囊括了"虚拟货币",因此既然《商品交易法》赋予了 CFTC 监管与大宗商品交易(包括期货市场和现货市场)有关的欺诈、市场操纵行为,那么本案中 CFTC 就是适格的原告,可对 McDonnell 的虚拟货币诈骗行为行使监管职责与申请法院禁令。该法官进一步认为,CFTC 的该项管辖权将一直有效,除非国会通过立法澄清这个问题。

2018 年 7 月 16 日,CFTC 发布了一份《消费者咨询指南》,告诫消费者在购买电子代币或通证时务必进行充分的事先调查,特别是针对那些

---

① 参见 CFTC v. McDonnell,287 F. Supp. 3d 213。

自称为"实用代币"或"消费用代币"的产品,因为市场上有太多的 ICO 都是诈骗或盗窃行为。CFTC 进一步指出,如果代币发行方或技术开发者承诺给予早期购币者一定的投资回报,或者项目未来产生利润的一部分,相关电子代币很可能被认定为证券,从而发行或销售这些证券性质的电子代币将受联邦证券法律管辖。当然如果一种电子代币或通证的发行方式和权利义务架构使之符合大宗商品或金融衍生工具的定义和特征,那么 CFTC 也会将之认定为由《商品交易法》调整。

（2）证券交易委员会（SEC）

毫无疑问,在众多监管机构中,SEC 对待虚拟货币的态度是最受关注的。从目前来看,SEC 对待加密货币的监管态度主要围绕着一个最基本的问题:什么是证券? 如果一种加密货币被认定为证券,那么相关联的发行和转让行为就属于证券发行或交易,将由美国《1933 年证券法》与《1934 年证券交易法》进行调整,需要披露更多信息与遵守复杂的程序性规则,并受 SEC 监管。然而这是一个看似简单,实则不管在理论方面还是实务层面都极其复杂的问题,亟须司法与立法对其予以答复或者澄清、明确。在司法实践中,最著名的判例规则便是"Howey 测试"（the Howey test）,来自于美国最高法院的 SEC 诉 W. J. Howey 公司案[①],至今仍被各级法院适用与解释,用于鉴别一个特定的金融工具或权益交易是否构成投资合同,而根据美国证券法律,投资合同属于证券的一种。"Howey 测试"的鉴别标准共有四项,如被测试对象全部符合这些标准则可认定其为投资合同。

---

① 参见 SEC v. W. J. Howey Co. ,328 U. S. 293 (1946)。

第一,投资者利用金钱进行投资,但此处"金钱"(money)的概念被后续的判例法扩张至其他非钱财的资产。

第二,投资者对上述投资有回报预期。

第三,被投资目标是一个共同事业(又译"联合投资企业")。然而美国最高法院没有对"什么是共同事业"作出解释,而是留给下级法院自由裁量权决定其含义。由此产生了两种主流司法观点:水平共性论(theory of horizontal commonality)与纵向共性论(theory of vertical commonality)。水平共性论是指在一项投资中,所有的投资者将其出资统一置于一个资金池中,然后按比例共享利润、共担风险;而纵向共性论相较于水平共性论没有那么严格,仅要求投资者与发起人之间成立利润分享的约定安排,部分法院还要求投资者的收益与发起人的资产必须呈正相关。

一般认为,所有的法院都认可,只要符合水平共性论的要求,则被投资目标即为"共同事业",无论其形式上是一家公司还是一个项目。分歧在于,如果只满足纵向共性论,那么被投资目标能否构成"共同事业"? 在这一点上,仅有美国第五和第九巡回上诉法院认为可以。此外,美国最高法院曾裁定,一项独特专属的利润分享协议,若基于的是投资者与发起人"一对一谈判"的结果,那么该协议并非投资合同[1]。

第四,投资的回报仅来自于发起人或者第三人的努力,也就是说,投资后获得的利润取决于他人对企业的管理行为,从而超出了投资者的掌控能力。这一点非常关键。几乎所有的法院都认为最高院所采用的副词

---

[1]　参见 Marine Bank v. Weaver,455 U.S. 551,560(1982)。

"仅"（solely）不能作文意解释，否则即是违背了证券法律的初衷。一般认为，应至少达到"主要"（primarily）或"占主导地位"（predominantly）的程度。这就意味着，如果投资者的自身行为在很大层面上主导了一个项目的走向或盈利能力，那么该投资者获得的相关权益就很难被认定为是一种"证券"。

为什么要着重讨论"Howey 测试"？这是因为对于 SEC 而言，"Howey 测试"是其将特定加密货币纳入监管的最有效的"法律武器"，尤其是针对 2017 年以来火热的 ICO 市场。读者可能已经了解到，ICO 是一种在互联网上通过发行加密通证或代币以支持区块链项目建设的行为。在不同的 ICO 中，通证或代币的购买者均能据此获得一系列权利，包括兑换未来的区块链项目服务、参与项目运维等。许多通证或代币还被发行方专门定义为"实用型通证/代币"，意思是这些通证或代币并非证券，而是只能兑换特定服务或其他非金钱利益的权益凭证。ICO 通证或代币在发行后往往能在一些加密货币交易所进行流通，比如比特币。作为一种新型的互联网资金募集手段，ICO 通证或代币很快就受到了 SEC 与其他监管机构的注意。虽然美国法院针对"ICO 通证或代币能否被认定为证券"这一问题尚未确立稳固的先例（目前仅有零星的基层法院判例可寻），SEC 却已主动发布了数则公告就 ICO 的性质表明了立场，并且 SEC 主席 Jay Clayton 在 2018 年 2 月 6 日参议院举办的听证会上也表示，在他看来目前所有的 ICO 都属于证券的发行。事实上，SEC 在 2017 年下半年已然开始了一系列监管动作，其中就包括针对餐厅评论软件开发商"Munchee Inc."与区块链自治组织"The DAO"的两道 ICO 禁令。

2017年12月,SEC向Munchee Inc.发布了一道禁令,指出由于Munchee Inc.发行实用型通证的行为涉及为"开发一款餐厅评论APP与建立用户生态圈"募集资金,并且投资者有理由相信其购买的通证价值会上涨,Munchee Inc.的此次ICO属于未依美国《联邦证券法》要求注册或获得豁免的证券发行行为。禁令发布后,Munchee Inc.立即终止了ICO,并退还了募集到的1500万美元,因此SEC未对其予以罚款。

而早在2017年7月25日,SEC已经公布过一份针对分布式自治组织(decentralized autonomous organization,以下称"DAO")始祖The DAO的详细调查报告①。DAO是一种电子化的纯粹由投资者主导的自治型风险投资基金,其底层技术便是区块链。DAO的设计者旨在创立一种全新的分布式商业模式,无须传统的管理层(仅有承运商与一些监管人),所有的投资者都是决策者,但该组织内的所有成员必须遵守那些以智能合约形式存在的规则。换言之,代码即是"法律",由绝对不偏袒任何一方的机器保证执行,由区块链技术保证"法律"被所有成员认可,以维护DAO的自治性。The DAO便是这样的一个组织,运行于以太坊平台上,通过ICO的方式募集资源用于投资各种区块链项目。由此可见,得益于区块链技术的隐匿性与去中心化特性,DAO是一种可以被称之为无国界的自治组织,其资金活动很难被界定为归属哪一个国家管辖。但SEC在

---

① 参见"Report of Investigation Pursuant to Section 21(A) of The Securities Exchange Act of 1934:The DAO",Release No. 81207(S. E. C. Release No.),Release No. 34-81207,2017 WL 7184670。

上述调查报告中认为,The DAO 的 ICO 行为足以通过"Howey 测试",从而符合美国证券法律规定的"投资合同"的各项特征。SEC 对此的分析过程如下。

首先,投资者在 The DAO 的 ICO 中是以以太坊加密货币以太币出资换取 The DAO 通证的。如前文所述,"Howey 测试"中对"金钱"的定义应作扩张性解释,即包括有价值的各类财产。以太币作为能够在以太坊内换取到特定服务的加密货币,可以被认定为"金钱"。

其次,投资者对于在 The DAO 的 ICO 中进行投资,一般都具有对投资回报的合理预期。这是因为,The DAO 的承运商 Slock.it 在宣传资料中不断向投资者表明,The DAO 是一家营利性实体,其募集的以太币将被用于投资各类区块链项目,以获得投资回报。SEC 据此认定,一个理性的投资者对于其持有的用以太币换取到的 The DAO 通证必然会有获利或升值期望。

与此同时,由于被募集到的以太币统统被置于一个虚拟资金池内等待投资项目的确定,SEC 认为该种模式符合水平共性论的表述,所以 The DAO 的投资者属于向一个共同事业出资。

最后,向 The DAO 投资的回报来自于 Slock.it,Slock.it 创始人以及 The DAO 监管人的努力。虽然 The DAO 作为一个自治组织应当是去中心化的,且不应有严格意义上的管理层。但事实上 Slock.it 及其创始人为了 The DAO 能够顺利运作,同时投资人与潜在投资人能够充分理解这类组织的运作方式。他们通过各种方式(例如设立 The DAO 的官方网站与在线论坛)向后者传递信息,包括 The DAO 的未来发展计划、基本运作规则、系统安全保障措施、投资者权利以及 Slock.it 人员的专业度,使得 The DAO 的投资人将合理地期待 Slock.it,Slock.it 创始人以及 The DAO 监管人能够提供非常有效的管理。

此外,由于在实际运作中投资人对于投票权的行使较为敷衍,加之每一位投资人掌握的投票权有限而分散,所以他们对 The DAO 并无控制权。

SEC 对于未来加密货币领域的 ICO 交易的理解,或许从上述的分析中可见一斑。2017 年 12 月 11 日,SEC 主席 Jay Clayton 在一份公开声明中讲到,虽然有一些加密货币不像是证券,但把某样事物称之为"货币"或"基于货币运作的产品"不代表该事物就不是证券了。加密货币到底是不是证券、是否应被 SEC 纳入监管,取决于该数字资产的特征与使用方式。

但对于 SEC 的监管态度总结得相对最为完整的,当属 2018 年 6 月 14 日 SEC 公司金融部门主管 William Hinman 在旧金山举办的一场密码学年会上发表的关于"如何判别数字资产是否为投资合同"的演讲。Hinman 提出了一系列问题,供人们在适用他给出的两项鉴别标准时进行思考。

如果通证买受人在购买该数字资产时有回报预期,那么该通证很可能被认定为证券。

该数字资产的设立与销售的背后,是否有人支持或推动?并且这些人在发展和维护该资产、促进其升值的过程中是否扮演了重要的角色?

上述这些人是否在该数字资产中持有利益,使得他们有动力通过努力令这些数字资产的价值得以提升?买受人是否有合理理由相信这些人会如此做,并且这些人的努力会为买受人带来投资回报?

发起人是否募集了超出区块链产品正常运作所必需的资金?如果是,那么发起人是否明确告知买受人他将如何利用这些资金来维护或提升这些数字资产的价值?发起人是否持续地利用这些资金或运作收益来增强被募资区块链产品的功能和价值?

保护投资人的《联邦证券法》是否有适用的必要?对区块链项目的盈利起关键作用的活动和计划是否有披露给买受人的必要?发起人与买受人之间是否存在信息不对等?

除发起人之外,是否有个人或实体对区块链项目行使治理权或有足够影响力?

如果通证买受人购买该数字资产是基于投资的目的(而非消费的目的),那么该通证很可能被认定为证券。

该数字资产的设立是否与使用者的需求匹配,还是仅仅为了投机?

针对该数字资产的定价权是否由独立人士掌控,还是说该资产的二级市场交易是由发起人在支撑着的?

买受人购买该数字资产的主要目的是为了个人使用消费还

是投资增值？买受人是否表达了其消费动机，而不是投资动机？通证数量的上升，是因为消费需求增加了，还是因为投资总额增长了？

通证发放的方式是否符合买受人即时的使用需求？譬如说，买受人有没有必要持有或购买超出其预期使用量的通证？持有过多的通证是否有贬值的风险，还是说可以安心地一直持有以寻求后续投资机会？

该数字资产的营销和发放对象是被募资区块链产品的潜在使用者，还是普罗大众？

该数字资产由散户持有，还是由那些能够对被募资区块链产品的应用产生足够影响力的少数人集中持有？

被募资区块链产品的应用场景已被充分实现了，还是仍处于非常早期的开发阶段中？

Hinman 提出的这些问题非常有助于数字资产的买受人或发行人判断自己是否参与了证券交易。但略为意外的是，Hinman 在演讲中表示，根据他对比特币及其网络机制、以太币现状及以太坊运作模式的理解，发行与销售这两款加密货币不能被认定为是证券交易行为。Hinman 认为，比特币与以太币并不依赖于某个处于中心地位的第三方的努力来保持整个系统的良好运作。事实上，这些没有特定发起人的去中心化网络系统已经运行了很长一段时间了，这就证明了两款加密货币的买受人无须期待来自其他人的管理者式或企业家式的努力。相反,对于 ICO,Hinman 则表示在很多场景下,买受人购入数字通证的行为更像是在打赌相关区块链项目会获得成功,而非购买一些在网络上能够换取货物或服务的东西。在这种情况下发行的 ICO 通证,自然应当被认定为是证券了,从而发起人必须根据证券法律要求作更多更详细的项目信息披露(不能仅仅是一纸由发起人自主决定内容的白皮书)。需要注意的是,Hinman 认为以太币不是证券,但不代表在以太坊上通过以太币进行的投资行为就不可能构成证券交易了,上文提到的 The DAO 通证便是很典型的例子。

SEC 对于 ICO 是否为证券这一问题的监管立场与审查方式似乎也得到了来自联邦司法系统的肯定。2018 年 9 月 11 日,美国纽约东区法院的一位联邦地区法官 Raymond J. Dearie 作出了一项裁定[①],支持了联邦检察官提出的"美国证券法律对于某些 ICO 诈骗行为有管辖权"的主张,驳回了被指控证券欺诈的被告 Maksim Zaslavskiy 提出的"因美国证券法律不能作为指控依据从而检方指控应予驳回"的异议。

在该案中,被告 Zaslavskiy 被指控进行了一系列关于虚拟货币投资骗局及相关 ICO 的重大虚假和欺诈陈述,因此构成了证券欺诈这一重罪。根据检方的公诉书,Zaslavskiy 在 2017 年期间先后创办了"REcoin"与"Diamond Reserve Club"两家公司。Zaslavskiy 向公众宣传称:"REcoin 将

---

① 参见 United States v. Zaslavskiy, No. 17CR647(RJD), 2018 U. S. Dist. LEXIS 156574 (E. D. N. Y. Sep. 11,2018)。

发行一种新型的区块链虚拟货币，并且与其他大多数加密货币不同，这种货币的价值有国内外不动产投资的背书……来自全世界的投资者都可以在一个非常易于进入的金融平台里自由兑换这种具有高投资回报潜力的货币，以对抗通货膨胀……REcoin拥有一支由地产经纪人、律师与开发商组成的经验丰富的运营团队，专门负责对房地产进行理性可靠的投资。"Zaslavskiy借此引诱了大约1000名投资者购买REcoin通证，然而他并没有建立所谓的"经验丰富的团队"，也没有进行任何的不动产投资，更没有向投资者发行任何REcoin通证或类似数字资产。此后，Zaslavskiy又以同样的方法，通过虚构一个从事钻石行业的公司（即Diamond Reserve Club），获得了不少投资款项。

面对检方的指控，Zaslavskiy的一项抗辩理由是拟发行的REcoin通证与Diamond Reserve Club通证是"货币"，而非"证券"，因此美国证券法律对其行为无管辖权，检方对Zaslavskiy的行为无执法权。检方则认为，投资者对REcoin公司与Diamond Reserve Club公司进行的投资，属于《联邦证券法》中的"投资合同"。双方各执一词。法官则认为，涉案通证到底是否为"证券"的问题，还是应当通过"Howey测试"来解答，以模拟陪审团可能得出何种结论。首先，本案中投资者可以通过信用卡、虚拟货币或其他转账方式在Zaslavskiy设立的公开网站中对REcoin公司与Diamond Reserve Club公司进行投资。其次，REcoin公司与Diamond Reserve Club公司构成了"共同事业"，因为Zaslavskiy在两次ICO的白皮书中已经表示"公司将利用募集到的资金和资产对不动产与钻石业进行投资"，从而投资者们的出资形成了资金池，即水平共性论的典型呈现形式。

此外,从"投资者被许诺分发加密'通证'或'代币'这类代表出资权益份额的凭证"可以推定,投资者对两家公司的未来投资收益持"按出资比例分配利润"的主观心态,进一步证明了投资者之间"共性"的存在。最后,投资者"毫无疑问地"对获得投资回报有着预期,因为 REcoin 的 ICO 白皮书宣称该投资是"一项非常有吸引力的机遇"且"投资价值不断攀升",以及 Diamond Reserve Club 的 ICO 白皮书中明确表示该公司的市值将以"每年10%～15%的速度增长"。在论证这一点时,法官甚至引用了前文中 SEC 对于 The DAO 的调查报告的分析。随后,法官表示,鉴于涉案白皮书中均表明两家公司所谓的"真实投资"将由专业团队来操控,并且被告没有提出证据证明投资者可以影响到公司运营决策,投资者应当被推定为"期待他们的投资回报将基于他人的管理努力"。综上所述,法官认为陪审团应当会得出涉案投资属于"投资合同"的结论。

需要注意的是,在本案中法官仅仅裁定"一个理性的陪审团认为假如能在庭审时证实,被指控事实能够通过'Howey 测试'的结论……从而本案将继续审理",而非创立了一个具有先例性质的判例。因此,Zaslavskiy 在后续的审理程序中仍然能够针对证券法律管辖权提出异议,并且一个独立的陪审团将基于庭审时提交的证据最终决定案件的走向与结果。法院的裁定只能说是检方与 SEC 的阶段性胜利,代表了"Howey 测试"在 ICO 领域的一次初步的实战运用。

(3)其他监管机构

美国财政部下属的金融犯罪执法网(Financial Crimes Enforcement Network,FinCEN)认为虚拟货币是一种类金钱工具。FinCEN 在 2018 年

3月18日发布了关于如何适用该机构对于管理、交易或使用虚拟货币者的监管措施的指南①。该指南厘清了美国《银行保密法》(*Bank Secrecy Act*,又称《货币和外国交易报告法》)中要求货币管理人与货币交易机构作为货币传输者应当履行的注册、报告及档案保管义务在虚拟货币领域的适用情况。FinCEN 认为,虚拟货币的流通也是一种交易形式,在某种情形下其运作模式如同真正的货币一样,但它们不具备法定货币的所有特性,尤其是在美国任何地域都缺乏法定货币的地位。FinCEN 的指南还提示虚拟货币管理人和交易机构应当在州法律的要求下获得准予提供货币传输服务的执照,以合法运营相关虚拟货币业务。

美国国税局(Internal Revenue Service)早在 2014 年即已通过《2014—21 号国税通知》(*IRS Notice* 2014—21)表述了其针对虚拟货币的征税立场,"可转换的虚拟货币"(convertible virtual currency)属于联邦税收法律下的应纳税财产。根据该国税通知,"可转换"是指相关虚拟货币可以直接兑换成法定货币,或者能够被持有人当作法定货币的替代品使用,例如比特币。这些"可转换的虚拟货币"虽被归类于财产,但美国国税局澄清道:根据现行法律,虚拟货币并不会产生联邦税法意义上的外汇收益或损失。

美国金融业监管局(Financial Industry Regulatory Authority)在 2018 年 7 月亦对加密货币领域开展了行动,要求作为会员的证券经纪公

---

① 参见"Application of FinCEN's Regulations to Persons Administering,Exchanging,or Using Virtual Currencies",FIN-2013-G001。

司、注册证券代表等向其报告他们参加的加密货币交易的详细信息,例如是否有意向参与该类交易、是否管理相关加密货币资产基金、是否已经或将要参与 ICO。2018 年 9 月 11 日,美国金融业监管局作为一家金融行业自我监管机构第一次向一名涉嫌欺诈并发行未注册证券的马萨诸塞州股票经纪人提出了惩戒性指控。

美联储(Federal Reserve System)对待加密货币的态度近两年稍有变化。在 2017 年 11 月 28 日的一次采访中,美联储主席 Jerome Powell 表示就目前而言,美联储不会着手监管加密货币,因为该市场还没有大到可以威胁美国金融秩序的稳定。换言之,即使加密货币资产的市值缩水,也不会影响到美国经济。不过,Powell 认为,从最长远的角度来看,加密货币和其他类似事物或许值得关注,因为区块链技术可能会在支付领域被全面应用起来,从而成为美国经济的一部分。而在 2018 年 6 月 13 日的众议院听证中,Powell 则开始认为投资加密货币有重大风险,因此及时有效地保护投资者与消费者就变得十分重要。不过 Powell 仍然认定加密货币不能算是真实的货币,因为其缺少货币的内在价值属性。

(二)区块链技术的未来监管框架及实务建议

目前,美国在联邦层面仍然没有一部专门针对区块链技术应用和交易的统一法律。随着美国境内对于全面部署分布式记账技术的呼声越来越高,相应监管措施出台的必要性亦水涨船高。区块链技术代表着在数字商业领域的重大革新,所涉及的区块链式交易或智能合约就非常需要当事人及其法律顾问谨慎审视其中的商业模式或交易流程。鉴于当前缺少可明确作为参考依据的监管规定,美国实务界存在一种意见,认为当事人与法律从业者可以适当参考美国已经颁布并实施了多年的各类电子签名和电子记录法律[①],以尽最大可能达到区块链交易合规的目的。

这些电子签名和电子记录法律普遍由各州立法机关制定,也包括一些联邦层面的法律,横跨众多领域,包括银行业、保险业、结构性融资、消费贷款、商业用品和生活消费品的制造与分销。有些法律甚至已经有 19 年的历史。但是,千万不要因为这些法律年限悠久而怀疑它们的可参考性,因为其包含的某些规则、定义,乃至整个运作框架,即使现在看来都非常先进,基本符合调整区块链技术应用和交易的需求。当然,在最终正式的区块链技术监管政策和规则颁布之前,这些法律也只能是提供一个合规思路,而不能成为合法有效的法律依据。

《统一电子交易法》(*Uniform Electronic Transactions Act*,UETA)是一部示范性法律,其法律效力仅在某州通过立法程序采纳后(往往伴随着对条文内容的本地化修改)才在该州产生。UETA 目前被美国 47 个州采纳,调整对象为电子签名、电子合同的成立、法定书面送达文件的电子送达以及电子形式的书面记录保留。UETA 规定,上述对象的

---

① 参见"E-Signature Laws Provide Legal Framework For Blockchain",由 Brian T. Casey 在 2018 年 6 月 13 日发表于 Law 360。

法律效力不能仅因为其电子属性而被否认。那么，为什么说 UETA 可作为区块链交易有效性与合规性审查的参考？

　　UETA 起草者编写该部法律的基本目的便是预先设定新型或未能预见的电子技术对传统法律行为效力的影响。因此，UETA 的用语往往较为开放与包容，特意避免过于具体的描述。UETA 包含了几项非常关键的定义条款，使之能够比较顺利地将基于区块链技术的交易纳入到其调整范围中，例如自动交易（automated transaction）、计算机程序（computer program）、电子技术（electronic technology）、电子代理人（electronic agent）、电子记录（electronic record）、电子签名（electronic signature）、信息处理系统（information processing system）和安全程序（security procedure）。区块链技术则几乎符合上述全部定义条款的描述。

　　区块链是一种"电子技术"，其可以生成"电子记录"性质的区块数据，添附"电子签名"性质的公开交易网络地址。

　　区块链网络系统的运作模式也体现了其作为"信息处理系统"的属性，同时众多"计算机程序"也不断地被编写与运行在区块链网络上。

　　区块链网络中达成一致协议的方式——即全部节点通过解决与哈希值有关的数学问题以验证最新的区块数据或某一交易的结果——构成了一道"安全程序"。

　　基于区块链技术的智能合约的运作模式则体现了 UETA 中关于"自动交易"与"电子代理人"的表述。具体而言，UETA 规定"自动交易"特指在交易的生效与执行过程中无须自然人亲自施行或实地检验的行为。

这一点和智能合约的理念非常契合,即由计算机程序将合同条款以代码的形式生成与执行,几无当事人参与的必要。

值得注意的是,美国的一部分州已经或者正在对各自的 UETA 法律进行修正,明确将区块链元素加入到原有的法律条文中去,如亚利桑那州与田纳西州近期的修正案,或者加利福尼亚州、佛罗里达州与内布拉斯加州的修正草案。各州修正 UETA 的行为或许从侧面证明了 UETA 对于区块链交易的适用性,从而增强了 UETA 在该领域的可参考性。

第七章

政策规定

一、与区块链产业相关的国家政策节选

支持区块链产业的国家政策,详见表7-1。

表 7-1　区块链产业主要国家政策梳理

发文日期	文件名称	发文单位	主要相关内容
2018 年 9 月 3 日	民政部关于印发《"互联网＋社会组织(社会工作、志愿服务)"行动方案(2018—2020 年)》的通知 民发〔2018〕115 号	民政部	五、推动"互联网＋慈善募捐" (一)主要举措。 2.推动慈善组织信息统一公开与透明查询。落实《中华人民共和国慈善法》的信息公开要求,对"慈善中国"平台进行改造升级,优化版面设计,完善内容维护,加强数据对接,拓展客服体系,提升运用网络开展慈善募捐备案管理的效能,方便慈善组织办理相关事项、公开慈善信息,方便公众便捷查阅公益慈善的"明白账""放心账"。探索区块链技术在公益捐赠、善款追踪、透明管理等方面的运用,构建防篡改的慈善组织信息查询体系,增强信息发布与搜索服务的权威性、透明度与公众信任度。 (二)进度安排。 2018 年,完成第二批互联网募捐信息平台遴选并加强能力建设;选定"区块链"技术方案,完成"慈善中国"平台新一轮升级改造,基本打通"慈善中国"平台与互联网募捐信息平台的数据对接,初步实现各地慈善组织、网络募捐等数据定时汇聚。

续表

发文日期	文件名称	发文单位	主要相关内容
2018 年 7 月 27 日	工业和信息化部、国家发展和改革委员会关于印发《扩大和升级信息消费三年行动计划（2018—2020 年）》的通知 工信部联信软〔2018〕140 号	工业和信息化部、国家发展和改革委员会	三、主要行动 （二）信息技术服务能力提升行动 组织开展"企业上云"行动。面向行业企业开展宣传培训工作，推动云计算服务商与行业企业深入合作，利用云上的软件应用和数据服务提高企业管理效率，组织开展典型标杆应用案例遴选。推动中小企业业务向云端迁移，到 2020 年，实现中小企业应用云服务快速形成信息化能力，形成 100 个企业上云典型应用案例。 提升信息技术服务研发应用水平。推进新型智慧城市建设，支持云计算、大数据、物联网综合研发应用，加速提高居民生活信息消费便利化水平。组织开展区块链等新型技术应用试点。发布信息技术服务标准（ITSS）体系 5.0 版，持续开展贯标活动，支持企业以标准为引领加快提升综合集成服务能力，到 2020 年贯标企业超过 2000 家。
2018 年 7 月 23 日	工业和信息化部关于印发《推动企业上云实施指南（2018—2020 年）》的通知 工信部信软〔2018〕135 号	工业和信息化部	六、强化政策保障 （二十五）鼓励各地加快推动开展云上创新创业。支持各类企业和创业者以云计算平台为基础，利用大数据、物联网、人工智能、区块链等新技术，积极培育平台经济、分享经济等新业态、新模式。

发文日期	文件名称	发文单位	主要相关内容
2018年5月4日	国务院关于印发《进一步深化中国（广东）自由贸易试验区改革开放方案》的通知 国发〔2018〕13号	国务院	三、争创国际经济合作竞争新优势，打造高水平对外开放门户枢纽 （十五）建设金融业对外开放试验示范窗口。积极吸引各类国内外总部机构和大型企业集团设立结算中心。支持深圳证券交易所加强同其他金砖国家交易所的合作。继续研究设立以碳排放为首个交易品种的创新型期货交易所。依托自贸试验区现有金融资产交易平台，依法合规开展相关业务，逐步提高境外投资者参与境内要素平台交易的便利化水平。大力发展海外投资保险、出口信用保险、货物运输保险、工程建设保险等业务。在有效防范风险的前提下，探索建立与港澳地区资金互通、市场互联的机制。深化与港澳及国际再保险市场合作，完善再保险产业链，建设区域性再保险中心。 发展科技金融。按照国务院统一部署，支持自贸试验区积极争取纳入投贷联动试点，促进创新创业。建设广东区域性股权市场，根据资本市场对外开放进程，适时引进港澳及国际投资机构参与交易。大力发展金融科技，在依法合规前提下，加快区块链、大数据技术的研究和运用。

续表

发文日期	文件名称	发文单位	主要相关内容
2018 年 4 月 13 日	教育部关于印发《教育信息化 2.0 行动计划》的通知教技〔2018〕6 号	教育部	一、重要意义 教育信息化 2.0 行动计划是顺应智能环境下教育发展的必然选择。教育信息化 2.0 行动计划是推进"互联网＋教育"的具体实施计划。人工智能、大数据、区块链等技术迅猛发展,将深刻改变人才需求和教育形态。智能环境不仅改变了教与学的方式,而且已经开始深入影响到教育的理念、文化和生态。主要发达国家均已意识到新形势下教育变革势在必行,从国家层面发布教育创新战略,设计教育改革发展蓝图,积极探索新模式、开发新产品,推进新技术支持下的教育教学创新。我国已发布《新一代人工智能发展规划》,强调发展智能教育,主动应对新技术浪潮带来的新机遇和新挑战。 四、实施行动 (七)智慧教育创新发展行动 加快面向下一代网络的高校智能学习体系建设。适应 5G 网络技术发展,服务全时域、全空域、全受众的智能学习新要求,以增强知识传授、能力培养和素质提升的效率和效果为重点,以国家精品在线开放课程、示范性虚拟仿真实验教学项目等建设为载体,加强大容量智能教学资源建设,加快建设在线智能教室、智能实验室、虚拟工厂(医院)等智能学习空间,积极探索基于区块链、大数据等新技术的智能学习效果记录、转移、交换、认证等有效方式,形成泛在化、智能化学习体系,推进信息技术和智能技术深度融入教育教学全过程,打造教育发展国际竞争新增长极。

发文日期	文件名称	发文单位	主要相关内容
2018年2月7日	工业和信息化部办公厅关于组织开展信息消费试点示范项目申报工作的通知 工信厅信软函〔2018〕46号	工业和信息化部办公厅	三、试点示范内容 （三）行业类信息消费试点示范 6.现代物流服务。支持发展面向信息消费全过程的现代物流服务,支持多式联运综合物流的创新应用,积极探索利用区块链技术开展物流信息全程监测,推进物流业信息消费降本增效。
2018年1月17日	国家知识产权局关于印发《知识产权重点支持产业目录(2018年本)》的通知 国知发协函字〔2018〕9号	国家知识产权局	《目录》确定了10个重点产业,细化为62项细分领域,明确了国家重点发展和亟须知识产权支持的重点产业,有利于各部门、地区找准知识产权支撑产业发展中的发力点、高效配置知识产权资源、协同推进产业转型升级和创新发展。 目录第2.7.6为区块链。
2017年12月20日	国家邮政局关于推进邮政业服务"一带一路"建设的指导意见 国邮发〔2017〕103号	国家邮政局	六、加强创新能力开放合作,培育"一带一路"邮政业发展新动能 推动行业科技创新合作。发挥行业内国家工程实验室等科研机构作用,与沿线国家交流邮政业和互联网、大数据、云计算、人工智能及区块链等融合发展的经验,联合开展科技应用示范。鼓励与沿线国家有关企业、科研机构等共建联合实验室(研究中心)、国际技术转移中心、技术示范与推广平台,促进技术转移和成果转化。支持与沿线国家有关企业、科研机构等共同研发智能收投、柔性装卸、集装化运输、冷链服务等技术装备,联合推进人工智能、无人装备等创新应用。

续表

发文日期	文件名称	发文单位	主要相关内容
2017年11月27日	国务院关于深化"互联网＋先进制造业"发展工业互联网的指导意见	国务院	三、主要任务 （三）加强产业支撑。 　　加大关键共性技术攻关力度。开展时间敏感网络、确定性网络、低功耗工业无线网络等新型网络互联技术研究，加快5G、软件定义网络等技术在工业互联网中的应用研究。推动解析、信息管理、异构标识互操作等工业互联网标识解析关键技术及安全可靠机制研究。加快IPv6等核心技术攻关。促进边缘计算、人工智能、增强现实、虚拟现实、区块链等新兴前沿技术在工业互联网中的应用研究与探索。
2017年10月13日	国务院办公厅关于积极推进供应链创新与应用的指导意见 国办发〔2017〕84号	国务院办公厅	四、保障措施 （三）加强供应链信用和监管服务体系建设。 　　完善全国信用信息共享平台、国家企业信用信息公示系统和"信用中国"网站，健全政府部门信用信息共享机制，促进商务、海关、质检、工商、银行等部门和机构之间公共数据资源的互联互通。研究利用区块链、人工智能等新兴技术，建立基于供应链的信用评价机制。推进各类供应链平台有机对接，加强供应链风险管控，促进供应链健康稳定发展。（国家发展改革委、交通运输部、商务部、人民银行、海关总署、税务总局、工商总局、质检总局、食品药品监管总局等按职责分工负责）

发文日期	文件名称	发文单位	主要相关内容
2017 年 9 月 18 日	中国保监会关于印发《偿二代二期工程建设方案》的通知 保监发〔2017〕67 号	中国保险监督管理委员会	三、具体任务 （二）健全执行机制 16.跟踪云计算、大数据、人工智能、区块链等金融科技的发展趋势，开展监管科技的应用研究，积极探索新科技条件下新型的保险业审慎监管。
2017 年 8 月 13 日	国务院关于进一步扩大和升级信息消费　持续释放内需潜力的指导意见 国发〔2017〕40 号	国务院	二、提高信息消费供给水平 （七）提升信息技术服务能力。支持大型企业建立基于互联网的"双创"平台，为全社会提供专业化信息服务。发挥好中小企业公共服务平台作用，引导小微企业创业创新示范基地平台化、生态化发展。鼓励信息技术服务企业积极发展位置服务、社交网络等新型支撑服务及智能应用。支持地方联合云计算、大数据骨干企业为当地信息技术服务企业提供咨询、研发、培训等技术支持，推动提升"互联网＋"环境下的综合集成服务能力。鼓励利用开源代码开发个性化软件，开展基于区块链、人工智能等新技术的试点应用。

237

续表

发文日期	文件名称	发文单位	主要相关内容
2017年8月11日	商务部办公厅、财政部办公厅关于开展供应链体系建设工作的通知商办流通发〔2017〕337号	商务部办公厅、财政部办公厅	二、主要任务 (三)建设重要产品追溯体系,提高供应链产品质量保障能力 三是支持供应链核心企业追溯系统创新升级。重点推进二维码、无线射频识别(RFID)、视频识别、区块链、GS1、对象标识符(OID)、电子结算和第三方支付等应用,推动追溯系统创新升级;推动大中型批发市场及大型商超、物流企业等开展信息化改造,鼓励商超利用 GS1 进行结算实现追溯功能,将产品追溯融入现有 ERP 系统,实现企业信息系统与追溯系统的对接;鼓励供应链核心企业线上线下融合发展,形成全渠道整合、线上线下无缝衔接的追溯网络。
2017年7月20日	国务院关于印发新一代人工智能发展规划的通知国发〔2017〕35号	国务院	三、重点任务 (三)建设安全便捷的智能社会 4. 促进社会交往共享互信 充分发挥人工智能技术在增强社会互动、促进可信交流中的作用。加强下一代社交网络研发,加快增强现实、虚拟现实等技术推广应用,促进虚拟环境和实体环境协同融合,满足个人感知、分析、判断与决策等实时信息需求,实现在工作、学习、生活、娱乐等不同场景下的流畅切换。针对改善人际沟通障碍的需求,开发具有情感交互功能、能准确理解人的需求的智能助理产品,实现情感交流和需求满足的良性循环。促进区块链技术与人工智能的融合,建立新型社会信用体系,最大限度降低人际交往成本和风险。

发文日期	文件名称	发文单位	主要相关内容
2017 年 3 月 30 日	工业和信息化部关于印发《云计算发展三年行动计划（2017—2019 年）》的通知 工信部信软〔2017〕49 号	工业和信息化部	三、重点任务 （三）应用促进行动 　　支持基于云计算的创新创业。深入推进大企业"双创"，鼓励和支持利用云计算发展创业创新平台，通过建立开放平台、设立创投基金、提供创业指导等形式，推动线上线下资源聚集，带动中小企业的协同创新。通过举办创客大赛等形式，支持中小企业、个人开发者基于云计算平台，开展大数据、物联网、人工智能、区块链等新技术、新业务的研发和产业化，培育一批基于云计算的平台经济、分享经济等新兴业态，进一步拓宽云计算应用范畴。
2017 年 1 月 19 日	商务部等五部门关于印发《商贸物流发展"十三五"规划》的通知 商流通发〔2017〕29 号	商务部、国家发展和改革委员会、国土资源部、交通运输部、国家邮政局	五、重点工程 （六）商贸物流创新发展工程。 　　推广使用自动识别、电子数据交换、货物跟踪、智能交通、物联网等先进技术装备，探索区块链技术在商贸物流领域的应用，大力发展智慧物流。推广网订店取、自助提取、代收服务等末端配送模式，探索线上线下融合的物流服务管理模式。大力推进仓配一体化，推动物流企业一体化运作、网络化经营，促进商贸物流转型升级。拓展集中采购、订单管理、流通加工、物流金融、售后维修等增值服务，支持供应链集成创新。

续表

发文日期	文件名称	发文单位	主要相关内容
2017 年 1 月 17 日	商务部关于进一步推进国家电子商务示范基地建设工作的指导意见 商电发〔2017〕26 号	商务部	三、主要任务 (二)提升孵化能力,支撑大众创业万众创新。 4.营造双创环境。发挥示范基地配套优势,营造有利于创业创新的良好氛围,支持新技术、新产业、新业态、新模式发展。大力发展众创空间等新型孵化器,完善技术支撑服务和创业孵化服务,提升孵化能力。推动示范基地创业孵化与科研院所技术成果转化有效结合,促进大数据、物联网、云计算、人工智能、区块链等技术创新应用。
2017 年 1 月 13 日	国务院办公厅关于创新管理优化服务培育壮大经济发展新动能加快新旧动能接续转换的意见 国办发〔2017〕4 号	国务院办公厅	四、激发新生产要素流动的活力 (十三)完善智力要素集聚流动机制。 营造有利于跨界融合研究团队成长的氛围。创新体制机制,突破院所和学科管理限制,在人工智能、区块链、能源互联网、智能制造、大数据应用、基因工程、数字创意等交叉融合领域,构建若干产业创新中心和创新网络。建成一批具有国际水平、突出学科交叉和协同创新的科研基地,着力推动跨界融合的颠覆性创新活动。(国家发展改革委、教育部、科技部、中科院等部门按职责分工负责)

续表

发文日期	文件名称	发文单位	主要相关内容
2016 年 12 月 18 日	工业和信息化部关于印发软件和信息技术服务业发展规划(2016—2020年)的通知　工信部规〔2016〕425 号	工业和信息化部	三、指导思想和发展目标 (三)发展目标 ——技术创新。以企业为主体的产业创新体系进一步完善,软件业务收入前百家企业研发投入持续加大,在重点领域形成创新引领能力和明显竞争优势。基础软件协同创新取得突破,形成若干具有竞争力的平台解决方案并实现规模应用。人工智能、虚拟现实、区块链等领域创新达到国际先进水平。云计算、大数据、移动互联网、物联网、信息安全等领域的创新发展向更高层次跃升。重点领域标准化取得显著进展,国际标准话语权进一步提升。 四、重点任务和重大工程 (一)全面提高创新发展能力 ——布局前沿技术研究和发展。围绕大数据理论与方法、计算系统与分析、关键应用技术及模型等方面开展研究,布局云计算和大数据前沿技术发展。支持开展人工智能基础理论、共性技术、应用技术研究,重点突破自然语言理解、计算机视听觉、新型人机交互、智能控制与决策等人工智能技术。加快无人驾驶、虚拟现实、3D 打印、区块链、人机物融合计算等领域技术研究和创新。 专栏 1:软件"铸魂"工程 ——抢先布局发展智能化软件。围绕抢占智能化软件领跑地位战略目标,突破虚拟资源调度、数据存储处理、大规模并行分析、分布式内存计算、轻量级容器

续表

发文日期	文件名称	发文单位	主要相关内容
2016 年 12 月 18 日	工业和信息化部关于印发软件和信息技术服务业发展规划(2016—2020年)的通知 工信部规〔2016〕425 号	工业和信息化部	管理、可视化等云计算和大数据技术,以及虚拟现实、增强现实、区块链等技术。支持机器学习、深度学习、知识图谱、计算机视听觉、生物特征识别、复杂环境识别、新型人机交互、自然语言理解、智能控制与决策、类脑智能等关键技术研发和产业化,推动人工智能深入应用和发展。 专栏 2:信息技术服务能力跃升工程 ——发展服务新模式新业态。创新软件定义服务新理念,鼓励发展新一代信息技术驱动的信息技术服务新业态。整合资源,支持重点企业面向人工智能、虚拟现实和增强现实等领域,提升容器、区块链、开发运营一体化等方面的关键技术服务能力,加快培育各类新型服务模式和业态,促进信息服务资源的共享和利用。依托国家新型工业化产业示范基地(软件和信息服务)及产业园区,组织开展面向"互联网+"的智能服务试点示范。
2016 年 12 月 15 日	国务院关于印发"十三五"国家信息化规划的通知 国发〔2016〕73 号	国务院	一、发展现状与形势 (二)发展形势。 "十三五"时期,全球信息化发展面临的环境、条件和内涵正发生深刻变化。从国际看,世界经济在深度调整中曲折复苏、增长乏力,全球贸易持续低迷,劳动人口数量增长放缓,资源环境约束日益趋紧,局部地区地缘博弈更加激烈,全球性问题和挑战不断增加,人类社会对信息化发展的迫切需求达到前所未有的程度。同时,全球信息化进入全面渗透、跨界融合、加速创新、引领发展的新阶段。

发文日期	文件名称	发文单位	主要相关内容
2016 年 12 月 15 日	国务院关于印发"十三五"国家信息化规划的通知 国发〔2016〕73 号	国务院	信息技术创新代际周期大幅缩短,创新活力、集聚效应和应用潜能裂变式释放,更快速度、更广范围、更深程度地引发新一轮科技革命和产业变革。物联网、云计算、大数据、人工智能、机器深度学习、区块链、生物基因工程等新技术驱动网络空间从人人互联向万物互联演进,数字化、网络化、智能化服务将无处不在。现实世界和数字世界日益交汇融合,全球治理体系面临深刻变革。全球经济体普遍把加快信息技术创新、最大程度释放数字红利,作为应对"后金融危机"时代增长不稳定性和不确定性、深化结构性改革和推动可持续发展的关键引擎。 四、重大任务和重点工程 (一)构建现代信息技术和产业生态体系。 强化战略性前沿技术超前布局。立足国情,面向世界科技前沿、国家重大需求和国民经济主要领域,坚持战略导向、前沿导向和安全导向,重点突破信息化领域基础技术、通用技术以及非对称技术,超前布局前沿技术、颠覆性技术。加强量子通信、未来网络、类脑计算、人工智能、全息显示、虚拟现实、大数据认知分析、新型非易失性存储、无人驾驶交通工具、区块链、基因编辑等新技术基础研发和前沿布局,构筑新赛场先发主导优势。加快构建智能穿戴设备、高级机器人、智能汽车等新兴智能终端产业体系和政策环境。鼓励企业开展基础性前沿性创新研究。

二、与区块链产业有关的地方政策节选

支持区块链产业的地方政策,详见表 7-2、表 7-3、表 7-4 和表 7-5。

表 7-2　浙江省区块链主要政策梳理

发文日期	文件名称	发文单位	主要相关内容
2017 年 11 月 29 日	浙江省人民政府办公厅关于印发浙江省服务业"四大经济"创新发展行动方案的通知 浙 政 办 发〔2017〕133 号	浙江省人民政府办公厅	六、优化"四大经济"发展载体 （四）谋划推进一批"四大经济"重大载体和重大项目。 推进中心城市科技城、各类产业园、众创空间等重大载体建设,促进移动互联网、大数据、云计算、人工智能、物联网、区块链等新技术在服务领域转化应用,谋划实施一批新业态新模式示范项目。加快之江实验室建设,加快建成"互联网＋"世界科技创新高地。(责任单位:省发展改革委、省经信委、省商务厅、省科技厅、省旅游局、各设区市政府)
2017 年 7 月 19 日	浙江省科学技术厅、浙江省自然科学基金委员会关于印发《浙江省"十三五"重大基础研究专项实施方案》的通知 浙 科 发 基〔2017〕102 号	浙江省科学技术厅、浙江省自然科学基金委员会	三、主要内容 （二）大数据计算 6.互联网金融等新兴行业大数据分析技术。针对互联网金融、服务型制造等大数据新型应用业态,研究区块链、高维动态金融大数据关联分析等技术;研究支撑服务型制造的工业大数据分析处理技术,研究个性化服务、精准营销、用户体验评价模型等技术。

发文日期	文件名称	发文单位	主要相关内容
2016年12月23日	浙江省人民政府办公厅关于推进钱塘江金融港湾建设的若干意见 浙政办函〔2016〕94号	浙江省人民政府办公厅	七、加强产业和生活配套设施建设。建设疏密有度、错落有致的金融集聚空间，有效集聚各类金融机构、财富管理机构、新金融机构以及金融大数据、云计算、区块链、人工智能、互联网征信等金融科技类企业。加大政府投入，推进城际铁路、地铁、公路、水上巴士等交通基础设施规划建设，积极拓展国际航线，提升区域之间的互联互通能力；大力支持金融人才公寓、外籍人员子女学校和医疗、保健等生活配套设施建设；推进钱塘江—富春江沿线防洪排涝和生态工程建设，加强流域综合治理。
2018年8月7日	杭州市财政局 杭州市经济和信息化委员会关于印发杭州市工业与信息化发展专项资金使用管理办法的通知 杭财企〔2018〕37号	杭州市市财政局、杭州市经济和信息化委员会	第六条　支持重点 （一）重点支持产业 3.抢占未来产业发展制高点。重点布局人工智能、虚拟现实、区块链、量子技术、增材制造、商用航空航天、生物技术和生命科学等重点前沿领域，加快关键技术转化应用。
2018年6月19日	杭州市人民政府关于加快推进钱塘江金融港湾建设 更好服务实体经济发展的政策意见 杭政函〔2018〕53号	杭州市人民政府	一、推动金融产业集聚发展 （六）扶持发展金融科技企业。 全力打造国际金融科技中心，鼓励发展金融智慧化、支付结算、网络投融资平台、消费金融与供应链金融、区块链金融、智能投顾、大数据征信与风控、金融信息综合平台及监管科技等金融科技产业，引导龙头金融科技企业做大做强。推动金融科技企业与金融机构融合发展，鼓励金融机构和金融科技企业运用金融科技开展创新业务试点。加快金融科技领域的金融信息共享、数据统计、支付清算、征信体系等基础设施建设，支持设立金融科技学院、实验室、产业园等。组织开展金融科技创新项目评价，对具有引领示范效应的金融科技项目，予以奖励支持。

续表

发文日期	文件名称	发文单位	主要相关内容
2018年2月14日	杭州市人民政府办公厅关于印发杭州城东智造大走廊发展规划纲要的通知 杭政办函〔2018〕20号	杭州市人民政府办公厅	二、总体要求 (二)战略定位。 围绕建设"中国制造2025"示范区的核心区目标和要求,重点在四个方面起到战略引领作用:全球未来产业发展先行区、国家"制造强国"和"网络强国"两大战略融合发展引领区、杭州湾经济区智能制造主导区、杭州拥江发展协同创新区。 ——全球未来产业发展先行区。把握技术变革趋势与产业发展方向,着眼未来,提前谋划,前瞻布局,重点瞄准人工智能、量子技术、生物技术和生命科学、区块链等一批有先发优势、有发展潜力的新兴领域,加大扶持力度,努力优化环境,打造具有全球影响力的未来产业发展先行区。 三、主要任务 (一)构筑协同发展空间格局。 2.高水平建设"两区"。 (1)江滨国际智造新区。整合优化杭州高新开发区(滨江)、大江东产业集聚区(临江国家高新区)、萧山经济开发区、钱江世纪城等钱塘江南岸重点平台,强化杭州高新开发区(滨江)在新一代信息技术领域的龙头带动作用,向东辐射形成创新研发、工业云服务、国际会展、智慧物流、先进制造等产业空间格局,大力发展新一代信息技术、汽车及新能源汽车、高端装备等新兴制造业及人工智能、虚拟现实、区块链、量子技术、商用航空航天等未来产业,打造具有国际影响力和竞争力的智能制造区。

发文日期	文件名称	发文单位	主要相关内容
2018年2月14日	杭州市人民政府办公厅关于印发杭州城东智造大走廊发展规划纲要的通知 杭政办函〔2018〕20号	杭州市人民政府办公厅	3.提升发展重点产业平台。 (5)萧山经济开发区。主要包括市北、桥南、益农区块以及萧山科技城等,规划建设面积约79平方公里,现有可开发工业用地约14平方公里。加强内部整合提升,重点发展新能源汽车及零部件、电子信息、工业机器人等产业,加快利用先进制造技术改造提升化纤、轻纺、钢结构等传统产业,积极发展量子技术、人工智能、区块链等未来产业,打造先进制造集聚区和智能制造应用示范区。加快推进益农区块纤维新材料产业园和高端制造产业园建设,建成国家高端纤维产业集群示范区和国家新型工业化(装备制造)产业示范基地。到2020年,规上工业增加值达到140亿元以上,规上高新技术产业增加值占工业增加值比重达到60%左右,亩产工业增加值达到100万元/亩;到2025年规上工业增加值达到160亿元以上,规上高新技术产业增加值占工业增加值比重达到60%以上,亩产工业增加值达到115万元/亩。 (三)培育新型制造产业体系。 2.谋划发展前瞻未来产业。瞄准全球技术和产业发展趋势,重点谋划人工智能、虚拟现实、区块链、量子技术、增材制造、商用航空航天、生物技术和生命科学等七大未来产业,抢占未来产业竞争制高点。 ——区块链。主要依托杭州高新开发区(滨江)、萧山经济开发区,加快推动万向区块链创新聚能城建设,加快区块链层架构协议、底层技术、共识算法硬件等技术的开发和应用,打造全球性区块链研发和应用、技术迭代及更新、人才交互、信息共享平台。

续表

发文日期	文件名称	发文单位	主要相关内容
2018 年 2 月 8 日	杭州市人民政府办公厅关于印发 2018 年政府工作报告重点工作责任分解的通知 杭政办函〔2018〕15 号	杭州市人民政府办公厅	三、陈新华副市长牵头重点工作 47.发展壮大生物医药、集成电路、物联网、新能源汽车、高端装备制造等战略性新兴产业,加快培育人工智能、虚拟现实、区块链、量子技术、商用航空航天等未来产业。 责任单位:市经信委、市发改委、市科委
2017 年 12 月 20 日	杭州市人民政府关于加快推动杭州未来产业发展的指导意见 杭政〔2017〕66 号	杭州市人民政府	一、充分认识发展未来产业的重要性和紧迫性 (二)未来产业成为竞争新焦点。发达国家纷纷加强对未来产业领域的布局,国际竞争空前激烈,已成为衡量一个国家、一个地区、一个城市科技创新和综合实力的重要标志。全球互联网和制造业巨头企业紧盯人工智能、量子技术、虚拟现实、区块链、增材制造、商用航空航天等前沿领域,加快实施技术、产业、战略"三位一体"和"软硬"融合发展。为加快推进经济转型升级,我国已经加快部署未来产业的培育发展和标准研制工作,国内众多省市高度重视,竞相规划布局,努力抢占发展制高点、培育竞争新优势。

发文日期	文件名称	发文单位	主要内容
2017年8月24日	绍兴市人民政府关于印发《绍兴市开发区(工业园区)改造提升试点实施方案》的通知 绍政发〔2017〕18号	绍兴市人民政府	三、重点任务 (三)加快动能转换 　11.推进智能制造。聚焦工业4.0和中国制造2025,推进"互联网＋""大数据＋""机器人＋",积极培育大数据、云计算、物联网、区块链等新一代信息技术,加快国家信息经济示范试点区建设,支持有条件的开发区(工业园区)搭建行业大数据平台,开展智能制造园区试点,实施万家企业"上云"计划和工业机器人应用倍增计划,大力推广"机联网""智慧工厂"等智能化制造模式,协同推进数字化工厂、工业大数据应用、个性化定制和公共服务平台建设,运用数字经济全面提升产业核心竞争力。

续表

发文日期	文件名称	发文单位	主要相关内容
2017年6月16日	杭州市人民政府关于加快推进钱塘江金融港湾建设的实施意见 杭政函〔2017〕79号	杭州市人民政府	二、落实重大任务 (三)大力构筑钱江金融大数据创新基地。 1.做强金融大数据创新产业。重点依托云栖小镇、滨江科技金融集聚区、望江新金融集聚区、钱江新城、钱塘智慧城、金沙湖商务区等大数据创新基地,引进培育金融云计算平台、数据驱动型金融机构、金融大数据服务企业、互联网金融交易平台、金融区块链技术公司等金融大数据创新企业和平台,建立浙江金融行业云,促进金融大数据创新企业成长并形成行业集群。 三、深化重点举措 (三)提升服务实体经济能力。 支持金融机构探索区块链等新型技术,开发基于产业链、供应链、区块链等的融资产品。创新开展适合实体经济企业融资特点的新型融资业务。加快推进科技金融专营机构建设,增加科技金融供给主体。支持创投、众筹、创业辅导等机构的发展,为中小微企业提供融资、融智服务。引导并购基金、股权投资基金带领杭州上市公司走出去,推动上市公司拓展国际业务。建设科创股权融资转让平台,搭建创投生态圈。积极鼓励企业利用各类金融要素交易平台发行债券、股票以及权益转让类、资产证券化类等直接融资产品。

发文日期	文件名称	发文单位	主要相关内容
2017 年 5 月 9 日	关于打造西溪谷区块链产业园的政策意见(试行)西金融办〔2017〕8 号	西湖区人民政府金融工作办公室、西湖区财政局	一、适用范围 　　入驻并注册在西溪谷区块链产业园区的区块链技术及应用企业(机构)、区块链技术研究机构、区块链产业基金项目、区块链行业联盟(联合会)等。 二、企业扶持 　　1.企业(机构)租用园区内办公用房用于区块链项目的,采用先缴后补方式,按每天每平方米 1.5 元且每年不超过 50 万元的标准,给予房租补助,期限 3 年。 　　2.国家、省、市区块链行业联盟(联合会)入驻园区并实际运行的,每年给予 10 万元补助,期限 3 年。 　　3.从事区块链技术及应用的企业(机构)年地方财政贡献达到 50 万元的,按其地方财政贡献的 30% 给予项目补助,年地方财政贡献达到 300 万元的,按其地方财政贡献的 50% 给予项目补助,年地方财政贡献达到 500 万元的,按其地方财政贡献的 60% 给予项目补助。补助期限 3 年。 　　4.鼓励区块链技术研发和应用,对获得市级以上科技奖并在西湖区实施转化的科技成果进行奖励。经认定,按照国家级 100 万元,省级 50 万元,市级 20 万元予以补助。

表 7-3 上海市区块链主要政策梳理

发文日期	文件名称	发文单位	主要相关内容
2018 年 6 月 28 日	对区政协八届二次会议 8B032 号提案的答复	上海市宝山区经济委员会	四、关于提案中"强化基本的政策保障"的建议　　我委牵头区科委、区人保局等共同研究,将着力推进两个方面重点工作。一是利用好现有的相关政策,支持区块链应用技术的开发和场景落地。鼓励推动区内重点企业、重点项目先行先试。如:支持和指导上海欧冶金融信息服务股份有限公司的"上海市大宗商品区块链供应链金融应用示范项目"、上海指旺信息科技有限公司的"基于区块链技术的食用油供应链溯源平台"、上海安级网络科技有限公司的"基于区块链技术的资产处置信息公共平台"等项目参与申报 2018 年市软件和集成电路产业发展专项资金。二是充分发挥我区"1＋9"产业扶持专项资金的辐射效应,会同区相关部门起草修订区级相关政策,对我区区块链研究院、联盟、园区、企业给予科技及产业扶持资金配套,促进其迅速发展壮大。同时,积极总结相关经验,力争形成可复制、可推广的制度和做法。
2018 年 4 月 19 日	宝山区关于"关于利用金融科技打造良好营商环境的建议"(8B099 号)提案的办理意见	宝山区发展和改革委员会	三、发展区块链技术,改善金融生态环境　　区块链技术的应用,已经从单一的数字货币应用,延伸到经济社会的各个领域,例如金融服务、供应链管理、文化娱乐、房地产、医疗保健、电子商务等等应用场景。结合宝山区的现状和规划,我区将利用区块链技术在以下领域改善金融营商环境……

发文日期	文件名称	发文单位	主要相关内容
2018 年 1 月 22 日	上海市科学技术委员会关于发布上海市 2018 年度"科技创新行动计划"社会发展领域项目指南的通知沪科〔2018〕24 号	上海市科学技术委员会	一、征集范围 专题三、能源科技 方向 5、能源互联网关键技术研发与应用 研究目标:针对城市级能源系统峰谷差严重、供需不平衡、多元多能协同差、能源安全等问题,突破部分能源互联网关键智能化技术的应用与国产化装备研制,全面提升需求侧能源利用效率和管理水平的需求,保障城市重要负荷中心的能源安全,构建城市级最全要素的能源互联互通共享平台,示范区域实现 5% 左右城市能源的削峰填谷目标。 研究内容:基于需求侧响应的多类型负荷自调适技术及应用;区域多能协同控制与深度融合技术及应用;重要用能负荷安全保障优化调度技术及应用;能源区块链关键技术;电力绿色质量评价核心技术;能源路由器等关键设备的研发技术。 执行期限:2021 年 6 月 30 日前完成。

续表

发文日期	文件名称	发文单位	主要相关内容
2018 年 1 月 17 日	上海市教育委员会关于印发《2018 年上海市教育委员会工作要点》的通知 沪教委办〔2018〕1 号	上海市教育委员会	十、统筹教育资源，促进教育信息化建设 36.促进教育信息化与教育教学深度融合。制订实施教育信息化2.0建设方案。促进各级各类学校开展智慧校园整体设计和整体建设，推动信息技术与教育教学的深度融合和常态化应用。试点启动基础教育信息化实验校建设和未来学校培育。推进基于人工智能和区块链技术的教育示范应用。研究制订数字教材推广实施方案。升级义务教育入学报名系统，启动初中学生综合素质评价信息管理系统建设。继续开展教师信息技术教学能力提升工程，提升教师信息素养。推进中小学充分利用专题教育资源和网上研究型课程自适应学习系统开展学习。继续推动"一师一优课、一课一名师"工作。
2017 年 6 月 6 日	上海市徐汇区人民政府办公室关于转发区发展改革委制定的《徐汇区重点发展产业引导目录（2017版）》的通知 徐府办发〔2017〕11 号	上海市徐汇区人民政府办公室	第二部分 引导目录 一、现代服务业 （一）信息服务 2.软件开发。基础软件，高端信息服务支撑软件，应用软件，信息安全软件，计算机系统，产品研发设计、产品制造过程管理和控制、节能减排控制等工业软件，虚拟化管理、新一代海量信息智能搜索、数据挖掘、云端融合应用运行支撑平台等云计算软件，区块链技术相关产品和服务等。

发文日期	文件名称	发文单位	主要相关内容
2017 年 4 月 28 日	互联网金融从业机构区块链技术应用自律规则	上海市互联网金融行业协会	全文
2017 年 3 月 7 日	《2017 年宝山区金融服务工作要点》通知宝府办〔2017〕12 号	上海市宝山区人民政府	二、建立健全政府引导基金管理体系,加快打造双创金融集聚区 (六)继续打造并优化"基金＋基地"发展模式。继续加强与邀问创投、贝琛网森、明石北斗等区财政资金参与的创投资金的对接联系。全面深化与中船、临港、上海国际集团、保集等企业的合作,推动建立中船邮轮产业发展基金、临港智能制造基金、宝山科技创新基金以及保集智谷产业基金。加强与银河证券、银河投资等龙头机构的合作,探索推动基金小镇建设。跟踪服务庙行区块链孵化基地建设和淞南上海互联网金融评价中心建设,依托专业团队和市场力量,推动金融科技公司发展成为宝山金融生态系统中的重要组成部分,形成创业投资基金和天使投资人群集聚活跃、科技金融支撑有力、企业投入动力得到充分激发的发展模式。2017 年度引入优质基金公司 2 家以上。

续表

发文日期	文件名称	发文单位	主要相关内容
2016年12月30日	上海市经济和信息化委员会关于开展2017年度上海市信息化发展专项资金（大数据发展）项目申报工作的通知 沪经信推〔2016〕920号	上海市经济和信息化委员会	附件1： 2017年度信息化发展专项资金（大数据发展）支持项目指南 一、关键技术创新应用 3.大数据计算架构创新。支持基于拟态架构的大数据一体机研制，进一步提升科研服务能力。支持自主可控的区块链关键技术研发，形成区块链基础架构和解决方案。 三、大数据示范应用 9.金融风控。通过电信和互联网等多源融合数据，实现基于大数据的金融风险智能预警分析和投资决策。实现区块链技术在金融贸易清算和交易领域中的应用。
2016年12月28日	上海市经济和信息化委员会关于开展2017年度上海市软件和集成电路产业发展专项资金项目申报工作的通知 沪经信推〔2016〕893号	上海市经济和信息化委员会	附件： 2017年上海市软件和集成电路产业发展专项资金项目指南 第一部分　软件和信息服务业领域 一、产业发展类 （三）新产品新技术研发及产业化 7.区块链关键技术研发及产业化 研发基础加密算法、共识模块、交易处理模块、交易池模块、简单合约或者智能合约模块、嵌入式数据库处理模块等关键区块链技术，支持区块链开源社区建设。

发文日期	文件名称	发文单位	主要相关内容
2016年6月6日	上海市经济信息化委员会关于开展2016年度第二批上海市信息化发展专项资金（大数据发展）项目申报工作的通知 沪经信推〔2016〕300号	上海市经济和信息化委员会	附件1： 2016年度上海市第二批信息化发展专项资金（大数据发展）项目指南 二、平台和载体建设 3.基于Spark/Hadoop等开源技术的大数据基础软件平台，实现大数据存储、计算和分析的一站式服务，以及区块链技术创新项目。

表 7-4　重庆市区块链主要政策梳理

发文日期	文件名称	发文单位	主要相关内容
2018年3月28日	重庆市渝北区人民政府办公室关于积极推进供应链创新与应用工作的通知 渝北府办〔2018〕29号	重庆市渝北区人民政府办公室	三、保障措施 （二）加强供应链信用和监管服务体系建设。 20.健全政府部门信用信息共享机制，促进商务、海关、质检、工商、银行等部门和机构之间公共数据资源的互联互通。研究利用区块链、人工智能等新兴技术，建立基于供应链的信用评价机制。推进各类供应链平台有机对接，加强对信用评级、信用记录、风险预警、违法失信行为等信息的披露和共享。（责任单位：区发改委、区交委、区商务局、区国税局、区地税局、区工商分局）

续表

发文日期	文件名称	发文单位	主要相关内容
2018年2月28日	重庆市人民政府办公厅关于贯彻落实推进供应链创新与应用指导意见任务分工的通知 渝府办发〔2018〕20号	重庆市人民政府办公室	七、保障措施 （三）加强供应链信用和监管服务体系建设。 33.健全政府部门信用信息共享机制,促进商务、海关、质检、工商、银行等部门和机构之间公共数据资源的互联互通。研究利用区块链、人工智能等新兴技术,建立基于供应链的信用评价机制。推进各类供应链平台有机对接,加强对信用评级、信用记录、风险预警、违法失信行为等信息的披露和共享。(市发展改革委、市交委、市商务委、人行重庆营管部、重庆海关、市国税局、市地税局、市工商局负责)
2017年11月2日	重庆市经济和信息化委员会关于加快区块链产业培育及创新应用的意见	重庆市经济和信息化委员会	2020年,力争全市打造2～5个区块链产业基地,初步形成国内重要的区块链产业高地和创新应用基地。

发文日期	文件名称	发文单位	主要相关内容
2017年8月18日	重庆市商务委员会关于开展供应链体系建设预申报的通知渝商务〔2017〕672号	重庆市商务委员会	一、建设内容 （一）推广物流标准化，促进供应链上下游相衔接。 3.物流链数据单元的信息标准化。支持探索基于全球统一编码标识（GS1）的托盘条码与商品条码、箱码、物流单元代码关联衔接，推动托盘、周转箱由包装单元向数据单元和数据节点发展，应用物联网、大数据、人工智能、区块链等先进技术，促进供应链和平台相关方信息数据传输交互顺畅；探索用数据单元优化生产、流通、销售管理，转化为商业价值，促进降本增效，满足不同商品的不同用户需求和服务体验。 （三）建设重要产品追溯体系，提高供应链产品质量保障能力。 以物流链为渠道，利用物联网等先进技术设备，推动产品从产地、集散地到销地的全链条追溯，促进追溯链与物流链融合。 1.支持基于技术创新应用的信息追溯系统建设。以二维码、无线射频识别（RFID）、视频识别、区块链、GS1等追溯技术创新应用为核心，推进肉类、蔬菜、乳制品等重要产品追溯系统建设，对接上下游追溯信息，提高追溯单元信息采集与传递的智能化和准确性，并上传追溯信息，实现产品来源可查、去向可追、质量可估、责任可究，方便消费者查询。

续表

发文日期	文件名称	发文单位	主要相关内容
2017年 8月15日	重庆市人民政府关于印发重庆市"十三五"信息化规划的通知 渝府发〔2017〕32号	重庆市 人民政府	三、重大任务和重点工程 (二)建立统一开放的大数据体系 专栏2　大数据发展工程 发展大数据技术。发展海量数据存储、深度学习、区块链、机器学习、流计算等前沿技术;以应用为牵引,培育和发展大数据采集与集成、大数据分析与挖掘、大数据交互感知、基于语义理解的数据资源管理等平台产品,研发具有行业特征的大数据检索、分析、展示等技术产品,形成垂直领域成熟的大数据解决方案及服务。

表 7-5　贵州省区块链主要政策梳理

发文日期	文件名称	发文单位	主要相关内容
2018年 6月23日	贵州省人民政府关于促进大数据云计算人工智能创新发展加快建设数字贵州的意见 黔府发〔2018〕14号	贵州省 人民政府	二、大力发展数字经济,推动大数据与实体经济深度融合 (十)发展大数据、云计算相关产业。大力发展电子信息制造业、软件和信息技术服务业,打造数字化研发制造业,持续打造贵阳、遵义、贵安新区等智能终端产业集聚区。推动云计算与大数据、人工智能、区块链、物联网、移动互联网等技术和服务的融合发展与创新应用,加快软件开发、信息系统集成、集成电路设计企业发展,引导贵阳、遵义、贵安新区等地积极培育人工智能云、区块链云、虚拟现实云等新业态、新模式,着力增强面向物联网、移动互联网的信息技术服务能力。到2020年,全省规模以上电子信息制造业增加值及软件和信息技术服务业(全口径)收入年均分别增长13%、20%。(责任单位:省大数据发展管理局、省经济和信息化委、省发展改革委)

发文日期	文件名称	发文单位	主要相关内容
2018 年 4 月 13 日	省人民政府办公厅关于积极推进供应链创新与应用的实施意见黔府办函〔2018〕53 号	贵州省人民政府办公厅	三、保障措施 （三）加强信用监管服务。 　　完善全国信用信息共享平台（贵州）和"信用中国（贵州）"网站，健全政府部门信用信息共享机制，促进商务、海关、质检、工商、银行等部门和机构之间公共数据资源的互联互通。全面建成国家企业信用信息公示系统（贵州），完善企业信用信息归集、共享和利用一体化信息平台，健全政府部门涉企信息归集共享机制，落实企业信息公示制度。推进"双随机、一公开"监管。依法实施守信激励和失信联合惩戒。研究利用区块链、人工智能等新兴技术，建立基于供应链的信用评价机制。引导应收账款债权人企业通过应收账款融资服务平台报送债务人的付款信息，建立应收账款债务人及时还款约束机制，规范应收账款履约行为，优化商业信用环境。推进各类供应链平台有机对接，加强对信用评级、信用记录、风险预警、违法失信行为等信息的披露和共享。创新供应链监管机制，整合供应链各环节涉及的市场准入、海关、质检等政策，加强供应链风险管控，促进供应链健康稳定发展。（责任单位：省发展改革委、省交通运输厅、省商务厅、省食品药品监管局、省地税局、省工商局、省质监局，人行贵阳中心支行、贵阳海关、省国税局、贵州出入境检验检疫局）

续表

发文日期	文件名称	发文单位	主要相关内容
2018 年 2 月 7 日	省人民政府关于印发贵州省实施"万企融合"大行动打好"数字经济"攻坚战方案的通知 黔府发〔2018〕2 号	贵州省人民政府	一、总体要求 （二）基本原则 ——升级存量、培育增量。准确把握"大数据＋""＋大数据"两个方向。加快运用大数据改造传统产业,提升自动化、数字化、绿色化水平,促进核心竞争力升级,加快壮大物联网、人工智能、共享经济、区块链等新业态,优化实体经济结构,提升融合发展质量。
2017 年 12 月 29 日	省人民政府办公厅关于印发《贵州省推进普惠金融发展实施方案（2016—2020 年）》的通知 黔府办函〔2017〕224 号	贵州省人民政府办公厅	三、积极创新普惠金融产品和服务手段 （十）运用新兴信息技术拓展普惠金融服务。 19.依托我省"大数据"战略,以贵州金融云建设为抓手,建成金融机构与中小微企业金融服务智能撮合平台,为金融机构输出大数据、云计算、区块链、人工智能等前沿新兴金融科学技术,鼓励金融机构打造自身互联网金融服务平台,拓展服务范围和服务领域的广度和深度。（省政府金融办、省大数据发展管理局、人行贵阳中心支行、贵州银监局、贵州保监局、省通信管理局）

发文日期	文件名称	发文单位	主要相关内容
2017 年 12 月 21 日	省人民政府办公厅关于印发《贵州省"十三五"深化医药卫生体制改革规划》的通知黔府办函〔2017〕223 号	贵州省人民政府办公厅	三、重点任务 (六)统筹推进相关领域改革 4.实施健康医疗信息化建设 促进健康医疗大数据应用。健全基于大数据的医院评价体系,整合临床运营、成本核算、质量评价数据,提高评价结果的权威性和可信度,并将其与医院评审评价、经费拨付、绩效工资等挂钩。加快居民健康卡发行与应用,落实居民健康卡卫生计生服务一卡通身份,建立居民健康服务唯一身份标识和居民健康信息授权更新及调阅机制,加强健康医疗线上线下协同服务,加快个体健康信息数据集聚;加快推进居民健康卡、社会保障卡等应用集成,依托居民健康卡建立实名就医服务,促进居民健康信息动态、实时、连续更新,构建居民全生命周期健康档案。积极推动医疗卫生服务机构开展基于互联网+诊疗、康复、预防保健等延伸服务。全面推进卫生计生行业治理大数据、健康医疗临床和科研大数据、公共卫生大数据应用。发展个性化体育健身服务、智慧健康养老养生服务、健康旅游服务,推动健康医疗大数据相关产业集聚,培育健康医疗大数据应用新业态。依托"医疗健康云""云上贵州"系统平台,结合区块链中数据不可篡改、透明、可追溯、多节点等特性,建设省级医疗健康区块链。

续表

发文日期	文件名称	发文单位	主要相关内容
2017 年 10 月 16 日	市人民政府关于印发《贵阳市创建充分就业城市工作意见》的通知 筑府发〔2017〕23 号	贵阳市 人民政府	四、主要工作 （二）大力推进产业升级创造就业 4.围绕现代服务业和山地旅游，做大三产就业体量。构建以省"100 个旅游景区"贵阳项目建设为重点的国际化旅游产品体系，支持一批具有艺术性、实用性、便携性的特色旅游商品企业做大做强，更好地发挥生态、山地和民族文化优势，实现旅游产业发展带动就业增加。加大贵州金融城"引金入筑"力度，积极推动大数据金融、众筹金融、移动金融、区块链金融为特色的新金融业态健康发展。实施现代服务业"十百千"工程，进一步推进物流、商贸、科技信息、电子商务等新兴业态，发展生产性服务业、健康养老、文体娱乐等新型消费产业。（牵头单位：市发展改革委、市政府金融办；责任单位：市工业和信息化委、市投资促进局、市财政局、市统计局、市农委、市商务局、市旅游产业发展委、市文化新闻出版广电局、市大数据委、市人力资源社会保障局）

发文日期	文件名称	发文单位	主要相关内容
2017年7月4日	省人民政府办公厅关于促进和规范健康医疗大数据应用发展的实施意见 黔府办发〔2017〕24号	贵州省人民政府办公厅	四、培育健康医疗大数据应用新业态 (四)推动健康医疗大数据相关产业集聚。依托省内大数据和健康医疗产业基础较好的地区,积极争取国家支持建设健康医疗大数据中心、健康医疗大数据应用创新中心和健康医疗科技文化产业园,推进区块链在健康及医疗领域的试点和应用,引进培育一批数字化健康医疗智能设备研发和制造企业,加快发展人工智能技术、生物三维(3D)打印技术、大型医疗设备、健康和康复辅助器械、可穿戴设备以及相关微型传感器件。支持传统食品药品企业、医疗卫生机构等推广应用新一代信息技术和产品,加快健康医疗智能装备产业转型升级。(牵头单位:省卫生计生委、省发展改革委;责任单位:省经济和信息化委、省科技厅、省文化厅、省大数据发展管理局、省政府金融办、各市〔州〕人民政府、贵安新区管委会)
2017年6月7日	贵阳市人民政府办公厅关于印发《关于支持区块链发展和应用的若干政策措施(试行)》的通知 筑府办发〔2017〕12号	贵阳市人民政府办公厅	全文

续表

发文日期	文件名称	发文单位	主要相关内容
2017年5月17日	贵阳市人民政府关于贵阳市加快推进政府数据共享开放的实施意见 筑府发〔2017〕6号	贵阳市人民政府	二、统筹建设政府数据共享开放管理体系 （一）健全数据资源统筹管理机制。 建立政府数据资源统筹管理和调度运行机制，加强市大数据委对全市数据资源统筹管理，实现全市政府数据资源目录的集中存储和统一管理，推进数据共享开放和集约化利用。制订数据资源管理办法，推进政府数据的共享和开放。建立数据开发和数据增值应用的市场机制。建立公共数据资产登记制度，探索建立数据资源审计和安全监督制度。建立数据共享开放的追溯制度，探索利用区块链技术跟踪和追溯数据共享开放使用情况。（牵头单位：市大数据委；责任单位：市直各部门，贵阳块数据公司、各区〔市、县〕人民政府、各开发区管委会）

续表

发文日期	文件名称	发文单位	主要内容
2017年3月1日	市人民政府办公厅关于成立贵阳区块链发展和应用推进工作指挥部的通知筑府办函〔2017〕18号	贵阳市人民政府办公厅	为统筹推进贵阳区块链发展和应用,奋力打造区块链产业生态体系,市人民政府决定成立贵阳区块链发展和应用推进工作指挥部,现将有关事项通知如下: 二、工作职责 指挥部负责统筹协调推进贵阳区块链发展和应用工作,为全市"一核四驱多中心"的区块链发展战略提供政策、技术、服务、人才、资金等保障;跟踪全球区块链技术演进路线、产业发展路线和企业成长动态,研究提出贵阳区块链产业发展扶持政策建议;组织开展区块链相关标准研制工作;组织推进贵阳区块链创新中心、数字社会区块链实验室筹建工作;组织搭建贵阳区块链创新基地、公共测试服务平台,协调建立区块链技术发展和应用孵化器、人才培养和培训中心;重点突破政府数据共享开发和精准扶贫等区块链应用场景;研究制定区块链发展目标并推动相关工作落实;完成市委、市政府交办的其他工作。 三、工作保障 (一)贵阳区块链发展和应用推进工作指挥部办公室成员为专职工作人员,不再承担所在单位工作,年度考核由指挥部考核并将结果反馈所在单位。
2016年12月	《贵阳区块链发展和应用》白皮书	贵阳市人民政府新闻办公室	全文

续表

发文日期	文件名称	发文单位	主要相关内容
2017年12月25日	南明区人民政府关于印发《南明区创建充分就业城区工作方案》的通知 南府发〔2017〕32号	贵阳市南明区人民政府	四、主要工作 （二）大力推进产业升级创造就业 4.围绕现代服务业和山地旅游，做大三产就业体量。支持一批具有艺术性、实用性、便携性的特色旅游商品企业做大做强，更好地发挥生态、山地和民族文化优势，实现旅游产业发展带动就业增加。积极推动大数据金融、众筹金融、移动金融、区块链金融为特色的新金融业态健康发展。实施现代服务业"十百千"工程，进一步推进物流、商贸、科技信息、电子商务等新兴业态，发展生产性服务业、健康养老、文体娱乐等新型消费产业。（牵头单位：区发展和改革局、区政府金融办；责任单位：区工业和信息化局〈区大数据局〉、区投资促进局、区财政局、区统计局、区农水局、区商务局、区旅游局、区文化广播电视局、区人力资源和社会保障局、各乡、社区服务中心）